汽车性能评价与选购

主　编　李明清　靳光盈　毛英慧

副主编　舒　会　王鹤鹏　田丰福

参　编　郝祉晴

北京理工大学出版社

BEIJING INSTITUTE OF TECHNOLOGY PRESS

内 容 简 介

本书作为汽车技术服务与营销等专业提升汽车配置推介能力的一本核心教材，系统介绍了汽车性能、汽车配置、汽车商品知识等内容。同时，本书注重销售技巧与客户利益等技能的培养，有利于学生重视客户视角，使学生能够在未来的工作中从客户立场出发推介车辆，成为优秀的职场人。

本书可作为汽车从业人员、汽车销售顾问、汽车服务顾问、汽车新媒体从业人员、二手车从业人员的学习参考书，也可作为普通消费者选购车辆的参考书。

图书在版编目（CIP）数据

汽车性能评价与选购 / 李明清，靳光盈，毛英慧主编. --北京：北京理工大学出版社，2024.1

ISBN 978-7-5763-3460-9

Ⅰ.①汽… Ⅱ.①李… ②靳… ③毛… Ⅲ.①汽车-选购 Ⅳ.①F766

中国国家版本馆 CIP 数据核字（2024）第 026948 号

责任编辑：王梦春　　　文案编辑：闫小惠
责任校对：刘亚男　　　责任印制：李志强

出版发行 / 北京理工大学出版社有限责任公司
社　　　址 / 北京市丰台区四合庄路 6 号
邮　　　编 / 100070
电　　　话 / （010）68914026（教材售后服务热线）
　　　　　　（010）68944437（课件资源服务热线）
网　　　址 / http://www.bitpress.com.cn

版印次 / 2024 年 1 月第 1 版第 1 次印刷
印　　刷 / 三河市天利华印刷装订有限公司
开　　本 / 787 mm×1092 mm　1/16
印　　张 / 14
彩　　插 / 1
字　　数 / 349 千字
定　　价 / 92.00 元

前　言

随着我国经济的迅猛增长，全面建成小康社会战略目标的稳步实现，汽车保有量逐年上升。根据国家发布的数据，截至 2022 年年底，汽车保有量已超 3.02 亿辆，我国成为全球最大的汽车消费市场。市场巨大的需求拉动汽车营销服务行业步入了快速发展的轨道。与此同时，汽车智能化、电动化、网联化的技术革新也为消费者带来了更多的车型选择和更丰富的产品体验。面对不同车型和不同配置，如何科学评价产品性能、推介一款满足消费者需求的产品成为销售从业人员和广大消费者共同关注的问题。党的二十大在立德树人方面，坚守使命担当、树立精品意识、践行工匠精神。本书重视当下市场消费者的需求，一方面，在介绍动力性、经济性、安全性、舒适性、操控性、通过性等传统汽车性能评价知识与方法的基础上，引入新能源汽车性能评价的内容与案例；另一方面，站在销售顾问的角度，以客户需求为出发点，介绍车辆各项配置的原理、作用、优势和客户利益，同时也为广大汽车消费者和爱好者提供参考。

本书以模块化课程为载体，以任务驱动教学为形式，开展新型工作手册式教材编写。针对职业院校学生的学习特征，采用学习情景导入、工作任务驱动、课前任务探究、思考练习、工作单完成、考核评价等一系列以学生为中心、符合学生认知规律的教学设计，将企业真实任务、行业新技术、市场新理念与一线教学经验相结合，具有很好的教学效果。教材内容深入对接"1+X"证书"汽车运用与维修"职业技能等级标准，融入思政要素和职业素养，为教学中实现"立德树人、课证融通"奠定基础。

本书由长春汽车工业高等专科学校李明清、靳光盈、毛英慧担任主编，舒会、王鹤鹏、田丰福担任副主编，且郝祉晴参编。具体分工为：模块一由舒会编写；模块二由田丰福编写；模块三由王鹤鹏编写；模块四由毛英慧编写；模块五由靳光盈编写；模块六、模块七由李明清编写；模块八由郝祉晴编写。

本书在编写过程中参考了大量已出版的图书报刊和网络资料，在此深表感谢！

由于编者水平有限，书中疏漏在所难免，希望广大读者指正。

编　者

目 录

模块一

车辆外观

模块简介

据统计，截至 2022 年年末，我国汽车的保有量已经超过了 3 亿辆，拥有驾驶证的人员数量超过了 4 亿。越来越多的家庭都拥有至少 1 辆汽车，各个汽车品牌之间的竞争也更加激烈。

一辆汽车对于消费者而言，首先映入眼帘的就是它的外观，这是客户的第一印象。在外观设计中，能否吸引客户的眼球，达到客户的需求至关重要。在本模块中，主要对车辆外观设计、亮点及其功能部件进行介绍，学生通过本模块的学习可以了解车辆外观设计，掌握外观亮点及介绍话术，能够为职业知识储备打下坚实的基础。

任务一　车辆外观设计推介

学习目标

知识目标

（1）熟悉车辆外观组成。

（2）了解车身腰线设计。

（3）掌握轻量化车身的设计理念。

车辆外观设计
推介

能力目标

（1）能够介绍车辆前脸的设计亮点。

（2）能够介绍车身线条的设计亮点。

素养目标

（1）体会创新思维。

（2）养成优良学风。

学习内容

任务导入

宋女士刚结婚不久，想要购买一辆家用轿车，在选购车辆时非常关注车辆的"颜值"，你在陪同她进行车型对比的过程中，如何向宋女士介绍车辆的外观设计，重点应介绍哪些内容？

任务实施

一、工作单

品牌名称_____

（1）请列举车辆外观设计亮点。

_____

_____

_____

（2）请说明本品牌车型前脸设计的优势及客户利益。

本品优势_____

_____

_____

客户利益_____

_____

_____

（3）请说明本品牌车身线条的优势及客户利益。

本品优势_____

_____

客户利益＿＿＿＿＿＿＿＿＿＿＿＿＿＿＿＿＿＿＿＿＿＿＿＿＿＿＿

（4）请说明本品牌车身轻量化设计的优势及客户利益。

本品优势＿＿＿＿＿＿＿＿＿＿＿＿＿＿＿＿＿＿＿＿＿＿＿＿＿＿＿

客户利益＿＿＿＿＿＿＿＿＿＿＿＿＿＿＿＿＿＿＿＿＿＿＿＿＿＿＿

二、参考信息

1. 前脸

汽车前脸作为汽车的视觉重心，是汽车设计的重中之重，前脸设计直接影响人们对于汽车形态的认知感受。不同的汽车品牌通过特有的"家族式脸谱"来达到外观上的视觉统一，比如常见的大众汽车的"家族式前脸"、奥迪的"鲨鱼嘴"式进气格栅都独具特色。汽车前脸设计包括汽车发动机舱盖、前大灯总成、进气格栅等，如同人脸的眼睛、嘴巴和下巴等，如图 1-1 所示。

图 1-1 车辆前脸

2. 线条

现代汽车更流行流线型车身设计，车身线条随之增多，这不仅仅体现为车辆外观的线条设计，还包括整车线条的相互呼应，从而形成独具一格的风格，给客户带来不同的体验，如图 1-2 和图 1-3 所示。

图 1-2 车身线条

图1-3　车身侧面线条

　　线条不仅可以增加美感，让整辆汽车视觉上更加大气、年轻化、动感，也能增加钣金件的刚度，从而有效提升车辆的安全性。同时，车身线条也符合空气动力学的原理，例如一些车身线条能在高速行驶过程中增加下压力、减少风噪等，保证车辆行驶的安全性与舒适性。

3. 轻量化车身

　　汽车轻量化，是在保证汽车的强度和安全性能的前提下，尽可能地降低汽车的整备质量，从而提高汽车的动力性，减少燃料消耗，降低排气污染。而车身作为汽车整车质量中占比较大的部分，降低车身的质量已然成为降低整车质量的有效途径之一，轻量化车身已经成为汽车行业的发展趋势，如图1-4所示。

全新奥迪A8L车身材料示意

▬ 铝板材　　▬ 热成型高强度钢材　　▬ 镁合金
▬ 挤压铝　　▬ 钢材
▬ 铸造铝　　▬ 碳纤维增强塑料

图1-4　轻量化车身（附彩插）

　　汽车车身轻量化设计涉及许多学科领域，例如工业设计、材料学、生产工艺等，需要将这些知识综合运用，才能实现汽车车身的轻量化设计。汽车轻量化的方法有三种，即使用质量轻的材料、使用新的制造技术和优化车身结构。

　　使用质量轻的材料是目前最常用的方法，主要使用一些密度相对较轻的金属或非金属材料。新的制造技术是在传统制造技术上加以改进，从而减轻车身质量。优化车身结构是利用软件分析汽车的结构设计，在满足汽车安全使用标准的前提下减轻车身的质量。

用于汽车制造的轻质材料主要有铝、塑料、碳纤维复合材料、玻璃纤维和钛等。随着材料科学的不断发展，新型材料不断用于汽车制造业，如有色合金的使用比例不断增加，会大大降低汽车车身的质量。铝的密度仅为钢的三分之一，铝合金是汽车上使用最广泛的材料。钛不仅密度小，还具有强度高、耐腐蚀等优点，是制造汽车的理想材料，但由于价格太高，因此不能广泛使用。具备钛的优良性能的复合材料的研究成为各个汽车品牌研发人员的研究热点。

 **任 务 评 价**

本任务评价如表 1-1 所示。

表 1-1　销售顾问车辆外观设计推介表现评分表

序号	评价项目	评价指标	分值	自评	互评	师评	合计
1	外观设计推介	能够完成前脸以及亮点设计介绍	20				
		能够详细说明线条设计理念、功用及优势	20				
		能够介绍车身材料、车身强度	20				
		能够介绍轻量化车身优势	10				
2	创新思维	能够创新推介话术要点，有自己的亮点	20				
3	优良学风	能够与团队协作完成任务学习和课后拓展	10				
	合计		100				
	综合得分						

任 务 拓 展

李先生想买一辆家庭用车作为上下班代步的出行工具。在购车方面，李先生特别注重车辆的外观以及颜色。请以任意品牌、任意车型为例，向李先生推介车辆的外观设计。

任务二　车灯推介

学习目标

知识目标

（1）掌握车灯的类型。

（2）熟知车灯的功能。

（3）掌握车灯的正确使用。

能力目标

（1）能够介绍不同类型车灯的特征。

（2）能够操作车灯的各种功能。

素养目标

（1）增强规范操作意识。

（2）增强低碳、节能、环保意识。

车灯推介

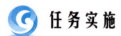学习内容

🌀 任务导入

　　王先生刚刚拿到驾驶证，想要购买一辆家用轿车用来上下班代步，在选购车辆时对车灯的使用有简单了解，但并不全面和深入。请你向王先生介绍车辆的车灯亮点。

🌀 任务实施

一、工作单

品牌名称＿＿＿＿＿＿＿＿＿＿＿＿＿＿＿＿＿＿＿＿＿＿＿＿＿＿＿＿＿

（1）请列举常见的车灯类型。

（2）请说明本品牌车型车灯设计的优势及客户利益。

本品优势

客户利益

（3）请说明本品牌车灯辅助系统的优势及客户利益。

本品优势

客户利益

（4）请说明本品牌车灯离家/回家照明辅助的优势及客户利益。

本品优势

客户利益

二、参考信息

1. 氙气灯

氙气灯是一种含有氙气的新型大灯，又称高强度放电式气体灯（High Intensity Discharge Lamp，HID）。氙气灯打破了爱迪生发明的钨丝发光原理，在石英灯管内填充高压惰性气体——氙气（Xenon），取代传统的灯丝。它采用一个特制的镇流器，利用汽车电池 12 V 电压产生 23 000 V 以上的触发电压使灯启动，发出的光接近太阳光。与普通灯相比，氙气灯有两个显著的优点：一是氙气灯拥有比普通卤素灯高 3 倍的光照强度，耗能却仅为其 2/3；二是氙气灯采用与日光近乎相同的光色，为驾驶者创造出更佳的视觉条件。氙气灯使光照范围更广，光照强度更大，很大程度上能改善驾驶的安全性和舒适性。氙气灯如图 1-5 所示。

图 1-5　氙气灯

2. LED 大灯

LED 是 Light Emitting Diode 的简称，俗称发光二极管，是一种固态半导体器件，它可以直接把电转化为光。目前 LED 大灯正在被越来越多地应用在车辆中，如 LED 远近光灯、LED 尾灯、高位刹车灯、日间行车灯等。LED 大灯如图 1-6 所示。

LED 大灯优点很多，主要包括以下几点。

（1）节能、成本低。LED 元件体积小，能耗仅为卤素灯的 1/20，LED 元件的成本也逐年大幅降低。

（2）寿命超长。目前用在汽车上的 LED 元件基本都能达到 50 000 h。

（3）耐用性好。LED 元件结构简单，抗冲击性、抗振性非常好，不易破碎，能够很好地适应各种环境。

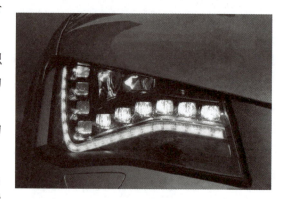

图 1-6　LED 大灯

（4）响应速度快。LED 的点亮时间仅需微秒级别，用在尾灯和转向灯上能够迅速点亮，达到更好的警示效果，用在前大灯上，相比氙气灯和卤素灯拥有更高的响应速度，对于行车安全性有更好的保障。

（5）亮度衰减低。LED 亮度高，光线亮度衰减远低于卤素灯，适合用于照明以及刹车灯、转向灯等警示灯。

（6）低压直流电即可驱动。负载小，干扰弱，对使用环境要求低，适应性好。

3. 激光大灯

激光大灯的光源激光二极管（Laser Diode）与发光二极管（LED）几乎诞生于同一时代，虽然激光二极管的大规模商业化应用要比LED稍晚些，但是其应用范围更加广泛，在测量、电子、通信、医学等行业都有激光二极管的身影。

激光大灯拥有LED大灯大部分的优点，比如响应速度快、亮度衰减低、体积小、能耗低、寿命长。同时，它还具有照明亮度大、距离远等特点，而且不会对人眼造成伤害。激光大灯代表大灯的未来趋势，如今很多汽车品牌已经公开展示激光大灯的性能并应用在量产车型中。激光大灯最大的难题就是成本较高，不适于所有车型。激光大灯如图1-7所示。

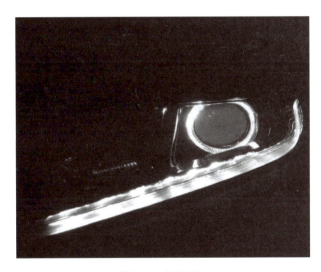

图1-7 激光大灯

4. 矩阵式大灯

矩阵式大灯与普通的LED大灯相比，对前方区域照亮的范围更远、更广、更亮。矩阵式大灯的特点有以下两个。

（1）转向灯的闪烁方式是不相同的，矩阵式是动态的，俗话叫流水转向。而普通的LED则是一闪一闪的，与普通的转向灯相同。

（2）矩阵式大灯可以按照远处的灯光自动调整大灯，如可以自动打开或关闭大灯，可以自动切换远近光灯，自动调节照射高度来改变照射距离。例如，当对向来车时，自动调整左侧灯珠的开关来调整远光。矩阵式LED大灯可以在各种情况下准确地照亮前方道路，每一个LED发光元件都是可以独立调节亮度、独立开关的。夜间会车或遇到行人时，矩阵式LED大灯就会自动熄灭部分灯体，防止对向车辆驾驶员因炫目而发生危险，可提升夜间行车安全系数。矩阵式大灯如图1-8所示。

图 1-8 矩阵式大灯

5. 几何多光束大灯

几何多光束大灯是普通 LED 大灯的智能升级版，通过阵列更多 LED 光源以及配套智能控制系统，达到智能计算、准确调节灯光效果的目的。这项技术主要是为了在会车时主动照顾对向车辆的感受，与矩阵式大灯原理相近，但更多的 LED 发光体数量可以使灯光调节更为精确。几何多光束大灯如图 1-9 所示。

图 1-9 几何多光束大灯

几何多光束大灯系统基于前置摄像头等传感器采集道路状况，通过图像分析等技术在极快的时间内计算出理想的灯光模式，由控制单元进行准确调节，甚至单独控制每个LED 灯准确开闭，根据需要的角度、形状进行照明。这种大灯看上去是非常有科技感的，在毫秒之间计算，呈现理想的光线。灯光的颜色非常接近自然光，优雅质朴，可以很好地缓解眼部的压力。

6. 可编程智能大灯

可编程智能大灯，是指具有红外摄像头及独立计算平台的灯组系统，它能比人眼更清楚地看到路况、行人和车辆，准确判断路况、计算距离、输出影像，实现百万级像素高亮度投影，如图 1-10 所示。

图 1-10　可编程智能大灯

以高合可编程智能大灯为例，它具有独立计算器、红外摄像头，以及 260 万片微镜芯片的灯组系统，可以做到投影仪一般的精确光型控制。任何速度下，车辆都能有最适合的照明光型。系统可以智能识别驾驶场景，并提供辅助照明图案。在夜间行驶时，其还可以更多地关注行人，降低事故风险。

7. 日间行车灯

日间行车灯是指安装在车身前部，使车辆在白天行驶时更容易被人认出来的灯具，如图 1-11 所示。它的功效不是让驾驶员能看清路面，而是让别人知道有一辆车开过来了，因此这种灯具不是照明灯，而是一种信号灯。加装了日间行车灯可使汽车看起来更酷、更炫，其最大的功效不在于美观，而是提高车辆的被辨识性，即让

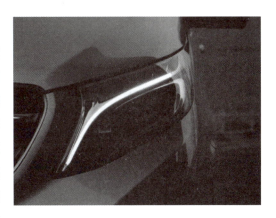

图 1-11　日间行车灯

其他道路使用者更容易看清汽车。在国外行车开启日间行车灯，可降低12.4%的车祸意外，同时也可降低26.4%的车祸死亡率。

日间行车灯不同于普通近光灯，其专门为白天行车照明而设计，能耗只有普通近光灯的25%~30%。使用LED技术的日间行车灯，节能效果得到进一步提升，能耗仅为普通近光灯的10%。当汽车发动机起动，日间行车灯则自动开启，并不断增加亮度，以引起路上其他机动车、非机动车以及行人的注意。当夜晚降临，驾驶者手动打开近光灯后，日间行车灯则自动熄灭。

8. 雾灯

雾灯一般安装于汽车的前部和后部，用于在雨雾天气行车时照明道路与安全警示，能提高驾驶员与周围交通参与者的能见度，如图1-12所示。雾灯一般分前雾灯和后雾灯，前雾灯一般为明亮的黄色，后雾灯则为红色。后雾灯的标志和前雾灯有所区别，前雾灯标志的灯光线条是向下的，后雾灯则是平行的，一般位于车内的仪表控制台上。由于雾灯亮度高、穿透性强，不会因雾气而产生漫反射，所以正确使用雾灯能够有效预防事故的发生。在有雾的天气，前后雾灯通常是一起使用的。

图1-12 雾灯

9. 尾灯

尾灯是指装在车辆后面的，通常主体颜色为红色的灯，如图1-13所示。尾灯一般分为三种，包括汽车后面用于对后方车辆警示的红色刹车灯（示宽灯），为后方车辆指明行驶方向的转向灯，以及起辅助观察作用的倒车灯。

图1-13 尾灯

10. 照明距离调节系统

夜晚行车安全第一，这就对驾驶员的视线提出了新的要求，即要保证驾驶员在各种状况下都能有清晰的照明条件。传统的车辆灯光照明距离无法调节，导致车辆空载、满载情况的照明距离不一样，比如后排如果坐满乘客，整车的重心后移，车辆的前照明灯会轻微向上，导致近距离的路况照明情况不清晰，给行车安全带来一定的隐患。

随着汽车工业的发展，照明距离调节系统应运而生。目前常见的调节系统分为手动调节系统和自动调节系统。

（1）手动调节系统。通过驾驶员的操作，调节前大灯照明的高低，从而实现照明距离的调节，常见的车型包括一些紧凑型车灯、中型车灯，如图 1-14 所示。

（2）自动调节系统。为了减轻驾驶员在行车过程中的操作动作，很多车辆配备了照明距离自动调节系统。通过传感器、控制器以及电动机等控制大灯照明距离的调节，相对来说成本较高，目前广泛应用在中高端豪华轿车中。

图 1-14　手动照明距离调节

11. 灯光辅助系统

灯光辅助系统目前应用广泛，在很多品牌汽车上都会有不同的灯光辅助系统，各个品牌的灯光辅助系统实现的功能大致相同，如图 1-15 所示。灯光辅助系统是为了提升驾驶员夜间行车安全而设计的，它可以实现灯光的自动开启、照射范围调节、远近光切换以及转向补光等功能。例如某车型的前大灯装备了先进的动态灯光辅助系统，该系统基于位于内后视镜前方的前视摄像头，根据交通情况在会车时实现远近光自动切换，确保照明效果的同

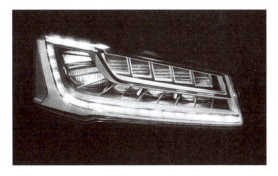

图 1-15　灯光辅助系统

时，不会令对向来车驾驶员感到"晃眼"。当系统探测前方有车进入远光灯照射范围，车辆将靠近对方那侧的远光灯随着车距变化逐步缩小灯光照射范围，大灯总成挡板会根据横向或对向来车的宽度自动遮挡一部分灯光，并在对方车辆通过时减弱灯光强度，使对方驾驶员双眼免受灯光刺激。当系统探测该车离开灯光照射范围后，大灯将自动切换为远光灯，保证驾驶者视野。

12. 大灯清洗装置

大灯清洗装置是指在前大灯的下方安装的清洗装置（喷水器、刮水器），随时可以清洗前灯的灰尘及污垢，保证大灯的清晰照明。一般高端车型具备此功能，如图 1-16 所示。

图 1-16　大灯清洗装置

雨水和尘埃会将前大灯的照明强度减少 90%，当汽车在夜晚或光线较暗的环境行驶时，驾驶员的视线会受严重影响，存在较大的安全隐患。大灯清洗装置为解决这一问题提供了简单而有效的方法。

13. 离家/回家照明辅助

这种辅助装置实际上就是大灯打开和延时关闭，当车主锁车后，车灯会延时关闭，为车主照亮回家的路；当车主通过钥匙解锁车辆时，车灯自动点亮，如图 1-17 所示。一些车型的钥匙控制开关会有单独的"离家/回家"照明开关，这样的设计主要是为了方便车主在夜晚寻车。当车主按下开关时，车灯点亮，这样不仅便于车主在夜晚快速找到车辆，还能为车主照明路面的情况。

图 1-17　离家/回家照明辅助

该照明辅助系统可以在中控面板中设置开启或关闭，还可以通过车辆的中控面板调节照明时间，一般时间在 0~60 s，一般车型每次可调节 10 s。

 任务评价

本任务评价如表1-2所示。

表1-2　销售顾问车灯推介表现评分表

序号	评价项目	评价指标	分值	自评	互评	师评	合计
1	车灯类型推介	能够详细介绍车灯类型，包括氙气灯、LED 大灯、激光大灯等	20				
		能够详细介绍日间行车灯、雾灯、尾灯等警示灯功用及特征	20				
		能够介绍灯光辅助系统类型	20				
2	灯光系统推介	能够介绍照明距离调节系统及其优势	10				
		能够介绍大灯清洗装置及其优势，介绍话术要求简洁、创新	10				
3	规范操作意识	能够正确介绍车辆灯光功用及使用	10				
4	低碳、节能、环保意识	能够及时进行现场管理，操作演示结束时，及时关闭车辆灯光	10				
	合计		100				
	综合得分						

任务拓展

李先生想买一辆家庭用车。在购车方面，李先生特别注重车辆的车灯以及配置。请以任意品牌、任意车型为例，向李先生推介车辆的灯光设计配置及优势。

任务三　车漆推介

 学习目标

知识目标

（1）掌握车漆常见分类。

（2）熟知各个类型车漆的特征。

能力目标

能够介绍普通漆、珠光漆、金属漆的特征。

素养目标

（1）体会自主探究学习。

（2）增强节能、环保意识。

车漆推介

 学习内容

 **任务导入**

　　小李刚刚大学毕业，父母要为他购买一辆汽车用来上下班代步，小李对汽车相关知识有所了解，对车辆动力性、外观以及车身颜色等都要较高的期望。请你向小李介绍车漆的知识。

 **任务实施**

一、工作单

品牌名称＿＿＿＿＿＿＿＿＿＿＿＿＿＿＿＿＿＿＿＿＿＿＿＿＿＿＿

（1）请列举常见的车漆类型。

＿＿＿＿＿＿＿＿＿＿＿＿＿＿＿＿＿＿＿＿＿＿＿＿＿＿＿＿＿＿＿

＿＿＿＿＿＿＿＿＿＿＿＿＿＿＿＿＿＿＿＿＿＿＿＿＿＿＿＿＿＿＿

（2）请说明本品牌车型不同车漆的优势及客户利益。

本品优势 _____

_____

客户利益 _____

_____

二、参考信息

随着汽车工业的发展，消费者对汽车的需求也逐渐发生变化，很多消费者比较关注车辆的外观、车身颜色等，车辆外表是否"光鲜亮丽"是很多消费购买车辆考虑的重要因素之一，这实际上就是各个汽车品牌的涂装工艺。

车漆是涂料的一种，不仅具有装饰作用，还具有防腐、防锈、耐高低温、耐污、耐冲击等防护性能，喷涂在汽车的车身上，使车身不容易被腐蚀。常见的车漆类型主要有四种：普通漆、珠光漆、金属漆和个性化漆。

1. 普通漆

普通漆是最常见的一种车漆，也是最基础的一种车漆。它由树脂、颜料和添加剂合成，最常见的白色、大红色和黄色车漆都属于普通漆。普通漆的特点是成本相对低、工艺简单，如图1-18所示。

图1-18 普通漆

2. 珠光漆

珠光漆又叫云母漆，是目前较为流行的一种车漆。珠光漆中加有微细的云母颜料，光线照射到云母颗粒上后，先带上二氧化钛和氧化铁的颜色，然后在云母颗粒中发生复杂的折射和干涉，同时，云母本身也有一种特殊的、有透明感的颜色，这样反射出来的光线，就具有一种珍珠般的闪光感，如图1-19所示。

3. 金属漆

金属漆又叫金属闪光漆，是目前较为流行的一种车漆。在它的漆基中加有微细的铝粒，光线照射到铝粒上后，被铝粒透过气膜反射出来，看上去闪闪发光。改变铝粒的形状和大小，就可以控制金属漆的闪光度。在金属漆的外面，还加有一层清漆予以保护，如图1-20所示。

图1-19　珠光漆

图1-20　金属漆

4. 个性化漆

随着汽车消费者的年轻化，消费者对车漆颜色的要求越来越高、越来越新潮，很多个性化漆根据消费者的需求而诞生。私人订制的车漆，如"涂鸦式""个性化""随性化"的车漆以及渐变色、双拼色等车漆都比较常见，如图1-21所示。

图1-21　个性化漆

这些个性化漆既能彰显消费者的个性，又能体现他们对新事物的态度和追求。但其造价成本相对较高，一旦车漆发生剐蹭，修复费用也相对较高。为了降低维修费用，很多年轻消费者也会选择通过其他方式体现他们的个性，如贴车膜或车衣，以个性化颜色的车膜、车衣来替代车漆，大幅降低购买成本和维修费用。

除此之外，很多消费者也会根据自己的喜好、需求，对车漆颜色进行改装，这也在一定程度上促进了我国汽车改装业的快速发展。

任务评价

本任务评价如表 1-3 所示。

表 1-3　销售顾问车漆推介表现评分表

序号	评价项目	评价指标	分值	自评	互评	师评	合计
1	车漆介绍话术	能够介绍金属漆的特点	10				
		能够介绍珠光漆的特点	10				
		能够介绍普通漆的特点	10				
2	话术演练	能够体态自然、表达清晰、面带微笑、热情饱满地介绍车漆类型；举止优雅、动作标准	20				
		话术简洁明了、通俗易懂，有创新点	20				
3	创新思维	能够创新介绍话术，通过团队协作，形成自己的介绍话术	20				
4	节能、环保意识	能够对车辆及卫生进行管理	10				
合计			100				
综合得分							

任务拓展

小李参加工作 5 年了，通过自己的努力攒下一笔钱，他想购买一辆新车，平时小李比较新潮，喜欢外出游玩。在购车方面，小李特别关注车辆的动力性、外观和颜色。请以任意品牌、任意车型为例，向小李推介车漆的设计优势。

任务四　车辆玻璃推介

学习目标

知识目标

（1）掌握车辆玻璃常见的类型。

（2）熟知隔热玻璃的特征。

（3）了解私密玻璃的特征。

能力目标

能够介绍不同类型玻璃的特征。

素养目标

（1）养成辩证思维和创新思维。

（2）增强安全规范意识。

车辆玻璃推介

任务导入

　　王先生要为太太购置一辆汽车，主要用来上下班代步，王太太平时很注重皮肤的保养，对汽车知识不是很了解。请你以某品牌车辆为例，向王先生、王太太介绍车辆玻璃的特点。

任务实施

一、工作单

品牌名称＿＿＿＿＿＿＿＿＿＿＿＿＿＿＿＿＿＿＿＿＿＿＿＿＿＿＿＿＿＿＿＿＿＿

（1）请列举常见的玻璃类型。

（2）请说明本品牌车型玻璃的优势及客户利益。

本品优势

客户利益

（3）请说明私密玻璃的优势及客户利益。

本品优势

客户利益

二、参考信息

汽车玻璃是汽车车身附件中必不可少的，能承受较强的冲击力，主要起防护作用。汽车玻璃主要有以下三类：夹层玻璃、钢化玻璃和区域钢化玻璃。汽车玻璃按所在的位置分为前挡风玻璃、车窗玻璃、后挡风玻璃和天窗玻璃。

随着汽车玻璃产业的发展，越来越多类型的玻璃出现，可满足不同客户的需求，如隔热玻璃、私密玻璃。

1. 隔热玻璃

隔热玻璃是一种能够有效抵挡阳光辐射，避免热量传递的高科技产品，它采用复合材料技术，将多层玻璃和聚合物膜黏合在一起，具有良好的隔热效果，如图 1-22 所示。

近年来，汽车隔热玻璃的需求越来越大。隔热玻璃不仅能够有效降低车内温度，提高车内舒适性，还能减少车内空调的使用频率，从而降低燃油消耗，达到环保节能的效

果。除此之外，它可以有效阻挡外界的视线，保护车内乘客的隐私。

目前，市场上的隔热玻璃已经具备了多种功能，如防紫外线、防爆、防盗等。随着科技的不断进步，隔热玻璃的功能和性能将会得到更大的提升。

图 1-22　隔热玻璃

2. 私密玻璃

私密玻璃又称隐私玻璃，一般应用在高端轿车后排车窗玻璃上，如图 1-23 所示。私密玻璃的作用是让车主有隐私空间，在车外看不到车里，但在车里却能看见车外，同时还能遮挡紫外线。后排车窗玻璃附有的特殊涂层，令后排侧面所有窗户都是暗色，提高车内隐私性的同时，更避免了阳光的照射，能让车内乘客拥有一个更安全、更舒适的车内环境。此配置在高档车和高档商务车上较为常见，家用轿车也在逐步应用此项配置。

图 1-23　私密玻璃

任务评价

本任务评价如表1-4所示。

表1-4 销售顾问车辆玻璃推介表现评分表

序号	评价项目	评价指标	分值	自评	互评	师评	合计
1	玻璃类型介绍	能够介绍隔热玻璃的特征	10				
		能够介绍私密玻璃的特征	20				
2	话术演练	能够对玻璃推介进行话术演练	20				
		演练中能够体态自然、表达清晰，情绪热情饱满、动作标准	30				
3	创新思维	能够以自己的理解总结话术，能够创新思维、开阔思路	10				
4	安全意识	操作规范、动作标准；能够及时复位车辆	10				
	合计		100				
	综合得分						

任务拓展

李先生想买一辆商务车，主要用来进行客户接待。在购车方面，李先生比较关注车辆的舒适性配置。请以任意品牌商务车型为例，向李先生推介车辆的舒适性配置以及不同玻璃选用的优势。

任务五　轮胎推介

学习目标

知识目标

（1）掌握常见的轮胎类型。

（2）熟知不同类型轮胎的特点。

能力目标

能够介绍不同类型轮胎的特点。

素养目标

（1）增强安全意识。

（2）增强节能、环保意识。

轮胎推介

🌀 任务导入

　　小李是东北人，喜欢外出旅游，近期他想要购买一辆汽车，小李觉得车辆就是代步工具，所以对轮胎、备胎等没有任何要求。针对这类客户，请你详细介绍一下车辆轮胎的特点，并告诉客户该如何选择。

🌀 任务实施

一、工作单

品牌名称_____

（1）请列举常见的轮胎类型。

_____

_____

（2）请说明本品牌轮胎的型号、规格、优势及客户利益。

本品优势

客户利益

（3）请说明全尺寸备胎的优势及客户利益。

本品优势

客户利益

（4）请说明本品牌胎压监测系统的优势及客户利益。

本品优势

客户利益

二、参考信息

1. 全天候轮胎

全天候轮胎又被称为四季轮胎，是指一般情况下都可以使用的轮胎，如图1-24所示。全天候轮胎结合夏季胎和冬季胎的优点，全年均可使用，特殊的胎面胶设计可以保证轮胎在四季不同的气候和路况条件下，保持优异的抓地力和排水性能；同时，全天候轮胎胎面花纹设计独特，能使轮胎自如应对干、湿、冰、雪等各种不同路况。

2. 全路况轮胎

全路况轮胎是指能应付所有路况的轮胎，如图1-25

图1-24　全天候轮胎

所示。全路况轮胎也称为全地形通用轮胎（All Terrain），简称 AT 胎。AT 胎比普通轮胎的胎纹略微粗犷，胎牙的间距略大，这种设计的负面效果是公路性能下降，噪声增大，但是耐用性和在非铺装路面的附着力超过普通轮胎，是越野和公路性能兼顾的轮胎。

普通轮胎在泥地或雪地、沙地之类的地形容易打滑或很难行驶，而全路况轮胎在上述路段能正常行驶，但是在公路上不如普通轮胎安静和省油，操控性也不如普通轮胎，所以一般是越野车使用 AT 胎。

图 1-25　全路况轮胎

3. 冬季轮胎

冬季轮胎是专门针对冬季驾驶路面而特别设计的，如图 1-26 所示。它拥有特殊的胎胶配方和胎面花纹，可以保证在冬季气候条件下的驾驶安全，发挥汽车的最佳性能。一般来说，7 ℃以下最好更换冬季轮胎，夏季轮胎在低温时胶质变硬，抓地力下降，轮胎的制动性能下降，行车安全无法保证。冬季轮胎通过特殊的胎面胶和花纹设计，可以增强轮胎的抓地力，保证冬季行车安全。

图 1-26　冬季轮胎

4. 低压续航轮胎

低压续航轮胎又被称为缺气保用轮胎，俗称为防爆胎，所谓的"防爆"并不是真的可以做到轮胎不爆胎，而是在轮胎缺气、泄气等胎压下降的情况下，依然能继续行驶一段里程，如图1-27所示。

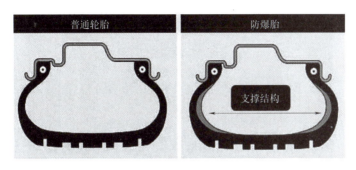

图1-27　低压续航轮胎

低压续航轮胎之所以能做到在胎压很低时仍然可以继续行驶，其原因主要在于较硬的胎壁提供了足够的支撑，使轮胎在缺气时，不至于被"压瘪"，而是可以继续保持"坚挺"和"饱满"的状态。但要注意，这种较硬的胎壁也无法达到胎压正常时100%的能力，所以一般情况下，在车速不超过80 km/h的前提下，可以安全行驶80 km。车辆的实际行驶距离受驾驶方式、速度、路面条件、气候、轮胎使用时间以及车辆载荷等因素影响。

低压续航轮胎虽然优点很明显，但是缺点也客观存在。由于胎壁比较坚硬，在与马路接触时减振性能相对差，行车舒适性上不如普通轮胎，而且这种轮胎的胎噪大，成本也较高。

5. 备胎

备胎是指汽车备用的轮胎，备胎尺寸是备胎相对于日常使用的轮胎的尺寸。现代汽车大部分都会有一个或者一个以上的备胎，备胎的尺寸分为全尺寸备胎和非全（小）尺寸备胎；但也有部分汽车没有备胎。

全尺寸备胎是指备胎的尺寸和安装在车身上的轮胎的尺寸是完全一样的。它能够提供一定时间的安全行驶能力，但是占用空间较大、质量大、成本高，如图1-28所示。

图1-28　全尺寸备胎

非全（小）尺寸备胎是指备胎的尺寸比安装在车上的轮胎的直径略小、宽度略窄。这种备胎由于成本低、质量小、占用空间小而被广泛应用，如图1-29所示。

图1-29　非全（小）尺寸备胎

无论是全尺寸备胎还是非全（小）尺寸备胎，都只能临时更换使用，不能长时间使用，而且使用时最高车速不能超过80 km/h。

6. 铝合金轮毂

轮毂分为铝合金轮毂和钢制轮毂，铝合金轮毂如图1-30所示。钢制轮毂强度高、成本低，常用于大型载重汽车或一般轿车。目前，乘用车应用比较多的是铝合金轮毂，对比钢制轮毂其主要特点有以下几个。

（1）安全性好。铝合金有散热快、刚性好的特点，在高速行驶过程中，能够为车辆提供更好的制动性能，从而提高车辆安全性能。

（2）舒适性与燃油经济性。由于铝合金密度更低、弹性更好，易于吸收车辆行驶过程中的振动、噪声。

（3）美观。铝合金轮毂美观、大方，后期抛光和电镀工艺使其能够制造出更美观、多变的外型，表面抗腐蚀处理以及静电粉体涂装也让其历久如新。

（4）成本高。相对于钢制轮毂，其制造、维护成本更高。

图1-30　铝合金轮毂

7. 胎压监测系统

随着汽车工业的快速发展，汽车的安全配置越来越高。胎压监测系统就是给驾驶员提供快速、便捷的轮胎气压信息，保障行车安全。胎压监测系统（Tyre Pressure Monitoring System，TPMS）是一种能对汽车轮胎气压进行自动检测，并通过仪表图像、信息或声音等显示方式，对轮胎气压异常情况进行报警的预警系统。常见的胎压监测系统分为直接监测、间接监测两种。

直接式胎压监测装置是利用安装在每一个轮胎里的压力传感器来直接测量轮胎的气压，利用无线发射器将压力信息从轮胎内部发送到中央接收器模块上，然后对各轮胎气压数据进行显示，如图 1-31 所示。当轮胎气压太低或漏气时，系统会自动报警。

图 1-31　直接式胎压监测装置

间接式胎压监测装置的工作原理是当某轮胎的气压降低时，车辆的质量会使该轮胎的滚动半径变小，导致其转速比其他轮胎快，通过比较轮胎之间的转速差别，以达到监测胎压的目的，如图 1-32 所示。间接式胎压监测系统实际上是依靠计算轮胎滚动半径来对气压进行监测的。

这两种胎压监测装置各有优劣。直接式胎压监测装置具有更高级的功能，随时测定每个轮胎内部的实际瞬

图 1-32　间接式胎压监测装置

压，很容易确定故障轮胎。间接式胎压监测装置造价相对较低，无法确定到具体某一个车轮的轮胎气压，需要进一步进行检查。

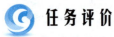

任务评价

本任务评价如表1-5所示。

表1-5　销售顾问轮胎推介表现评分表

序号	评价项目	评价指标	分值	自评	互评	师评	合计
1	轮胎类型介绍	能够介绍全天候轮胎的特点	10				
		能够介绍全路况轮胎的特点	10				
		能够介绍冬季轮胎的特点	10				
		能够介绍低压续航轮胎的特点	10				
		能够介绍备胎类型及特点	10				
2	胎压监测系统	能够介绍铝合金轮毂的特点	10				
		能够介绍胎压监测系统的类型及特点	20				
3	安全与规范意识	能够规范操作，并对现场设备、车辆、卫生进行管理	20				
合计			100				
综合得分							

任务拓展

张先生、张太太想买一辆家庭用车，可以在周末、假期带着孩子出去旅行。在购车方面，张先生比较注重车辆的安全性能，张太太比较关注车辆的使用成本。请以任意品牌、任意车型为例，向张先生、张太太推介车辆的轮胎优势。

任务六　车门推介

 学习目标

知识目标

（1）掌握无框车门的特点。

（2）熟知尾门的功用、结构和类型。

能力目标

（1）能够介绍无框车门的优势。

（2）能够操作尾门的开启、关闭。

素养目标

（1）养成规范操作意识。

（2）养成安全意识。

车门推介

 学习内容

🌀 任务导入

小赵大学毕业不久，想要购买一辆汽车，平时小赵对汽车也有所研究，喜欢外观时尚的车型。在选购车辆时，他对一些轿跑车型非常感兴趣，请你结合自己所学，向小赵介绍车辆的外观亮点以及优势。

🌀 任务实施

一、工作单

品牌名称＿＿＿＿＿＿＿＿＿＿＿＿＿＿＿＿＿＿＿＿＿＿＿＿

（1）请列举常见的车门类型。

（2）请说明本品牌车型尾门的设计优势及客户利益。

本品优势

客户利益

（3）请说明无框车门的优势及客户利益。

本品优势

客户利益

二、参考信息

1. 无框车门

无框车门最初是为敞篷车设计的，敞篷车在收起顶棚后，如果车窗有边框，会有违和感。无框车门后来在一些量产车型中也有应用，比如奥迪 A7、大众 CC 等车型，如图 1-33 所示。

图 1-33　无框车门

与传统的有框车门相比，无框车门在设计之初就要考虑更多的技术问题，比如它的隔音和防水，无形之中增加了许多的制造成本，这也是无框车门多出现在豪华轿车上的原因。无框车门还有胶条易老化的缺点，因为它的玻璃密封条只能装在车体上，平常是裸露的状态，因此，经过长时间风吹日晒，密封条容易老化，造成密封不良的问题。

为了让玻璃和密封条紧紧贴合在一起，绝大多数的无框车门都设计成关门时车窗完全升起，插进密封条内部的凹槽；要开门时，玻璃先下降一点，从凹槽里完全出来，再打开车门，不然就没办法开门。

无框车门的设计为更多的消费者提供了不一样的选择，满足了客户的需求。

2. 尾门

尾门是指面包车、SUV、MPV以及越野车的后备厢，常见的开启方式有手动开启、电动开启。手动开启常见的车型包括五菱宏光、中小型SUV等。电动开启方式目前普遍应用在一些中高端SUV、MPV以及越野车上，俗称为电动尾门，比如奥迪Q5L、别克GL8、路虎、理想、红旗HS5等，如图1-34所示。

尾门一般通过铰链与车体连接，以气压或液压支撑杆控制尾门开启高度。一些车型的电动尾门还拥有高度记忆功能，客户可以根据自身习惯的高度来设定电动尾门的开启高度，从而为客户提供适宜的打开高度，方便在后备厢拿取物品。

图1-34　电动尾门

任务评价

本任务评价如表 1-6 所示。

表 1-6　销售顾问车门推介表现评分表

序号	评价项目	评价指标	分值	自评	互评	师评	合计
1	车门类型介绍	能够介绍无框车门的特点	20				
		能够介绍车辆尾门的特点	20				
2	话术演练	话术简洁明了、通俗易懂	20				
		讲解过程中状态自然、表达清晰，能够面带微笑、热情饱满介绍车门类型	20				
3	安全与规范意识	能够规范操作，并对现场设备、车辆、卫生进行管理	20				
合计			100				
综合得分							

任务拓展

孙先生要置换一辆新车。他平时在周末喜欢和朋友踢足球、户外郊游。目前他开的是一辆轿车，想要换购一辆 SUV 或 MPV，空间要大一些。请以任意品牌的 SUV 或 MPV 车型为例，向孙先生推介车辆的后备厢空间以及尾门配置优势。

任务七　车辆其他附件推介

学习目标

知识目标

（1）掌握车辆常见附件的类型。

（2）熟知车辆常见附件的功能。

能力目标

（1）能够介绍智能雨刷的特征。

（2）能够介绍电动车窗等附件的特征。

（3）能够介绍车辆附件的类型。

素养目标

（1）养成规范操作意识。

（2）养成节能环保意识。

车辆其他
附件推介

任务导入

孙先生平时喜欢带着家人自驾游，计划新购一辆家用汽车，请你结合车辆卖点，向孙先生介绍车顶行李架、全景天窗等功能部件的亮点，并说明其优势和客户利益。

任务实施

一、工作单

品牌名称 _____

（1）请列举常见的车辆附件。

（2）请说明本品牌智能雨刷的优势及客户利益。

本品优势

客户利益

（3）请说明本品牌全景天窗的优势及客户利益。

本品优势

客户利益

（4）请说明本品牌车顶行李架、电动车窗等附件的优势及客户利益。

本品优势

客户利益

二、参考信息

1. 雨刷

雨刷是机动车辆车前玻璃上防止雨水及其他污物影响视线的一种清理工具。好的雨刷必须具备耐热、耐寒、耐酸碱、抗腐蚀，以及能贴合挡风玻璃、减轻电动机负担、低噪声、拨水性强、质软不刮伤挡风玻璃等特点，能有效清洁挡风玻璃，使驾驶员视野清晰。

雨刷按结构分为普通雨刷和无骨雨刷。普通雨刷是靠骨架来使刮片和玻璃贴合，由于其结构的关系，不可能使刮片和玻璃完美贴合，容易造成刮不净、刮片易磨损、噪声大等问题。无骨雨刷是靠一整根导力条来分散压力，使刮片各部分的受力均匀，可以减少水痕、擦痕的产生，达到更好的刮刷效果，还可大大降低抖动磨损，具有防日晒、结构简单、质量轻等优点，雨刷和刮片寿命比普通雨刷至少延长一倍，更加经济、可靠，目前广泛应用在乘用轿车上，如图 1-35 所示。

图 1-35　无骨雨刷

雨刷按控制方式分为两种：一种是传统间歇式，这是最常见的雨刷，有三段至四段不等，主要包括间歇挡、低速挡、高速挡以及点动挡（刮一次）等，由驾驶者依照雨势以及视线状况进行调整；另一种是智能雨刷，多用于中高级车型上，它可以根据雨量的大小，自动调整刮水频率，减少驾驶员行车过程中的操作动作，从而有效提升行车安全。智能雨刷操作开关如图 1-36 所示。

图 1-36　智能雨刷操作开关

2. 车顶行李架

车顶行李架是安装于车顶用于放置物品的设备，将物品放置于车顶行李架可以增大车内空间，如图 1-37 所示。车顶行李架便于外出旅游携带大量物品，多用于旅行车、SUV 以及商务车等车型。行李架安装后，不需要频繁拆卸，因为对于普通车顶的车辆来说，频繁拆装车顶行李架可能会伤及车漆；对于利用预留固定点安装的车辆来说，频繁拆装有可能给固定点部位的螺丝带来损害。

图 1-37　车顶行李架

因此，虽然车顶行李架都是可以拆装的，但是，仍然要做好长期固定在车顶的准备。

3. 天窗

天窗安装于车顶，能够快速、有效地使车内空气流通，增加新鲜空气的进入，为驾乘人员带来健康、舒适。常见的天窗分为内藏式天窗、外掀式天窗、全景天窗。

内藏式天窗指的是滑动总成置于内饰与车顶之间的天窗。其优点是天窗开口大，外型简洁美观。大部分轿车多采用内藏式天窗，如图 1-38 所示。但是如果加装这种内藏式天窗，其价钱就相对较高，而且因为要将车顶内饰重新做一遍，施工技术的要求也很高。

图 1-38　内藏式天窗

外掀式天窗具有体积小、结构简单的优点，主要有手动和电动两种分类。外掀式天窗倾斜升高，打开一定角度，但是开口大小有限，如图 1-39 所示。

图 1-39 外掀式天窗

全景天窗实际上是相对于普通天窗而言的。一般而言，全景天窗首先面积较大，甚至是车顶的整块玻璃，坐在车中可以将上方的景象一览无余，如图 1-40 所示。全景天窗的优点是视野开阔、通风良好。不过全景天窗也有一些缺点，如成本较高；落尘需要清理，否则影响视线；车身整体刚度下降，安全系数降低。在一些新能源汽车的天窗中，也会有全景天窗（不能开启），为驾乘人员带来超大视野，受到众多消费者的青睐。

图 1-40 全景天窗

4. 电动车窗

所谓电动车窗，就是用伺服电动机驱动玻璃的升降，它取代了传统的转动摇柄升降玻璃，使玻璃的升降轻便化、舒适化、自动化。装有这种电动车窗的车，在各个车门都装有玻璃升降开关的按钮，向上按玻璃上升，向下按玻璃下降。有的电动车窗控制开关还可以实现一键升降，即轻点一下就可连续上升或下降，如图 1-41 所示。

图 1-41 电动车窗控制开关

同时，一些高级轿车还配有车窗防夹功能。车窗防夹功能是车辆上的一项安全配置，是指车窗玻璃在关闭时，遇到阻力后会自动停止，或将玻璃的上升行程改为下降行程，以防止夹伤，保护车内外人员的安全。

5. 后视镜

后视镜反映汽车后方、侧方和下方的情况，使驾驶者可以间接看清楚这些位置的情况，它起"第二只眼睛"的作用，扩大了驾驶者的视野范围。后视镜一般分为左、右外后视镜和内后视镜。

外后视镜反映汽车后侧方情况，内后视镜反映汽车后方及车内情况。一些商用车上还安装了下后视镜，用于反映汽车前下方的情况。后视镜用途不一样，镜面结构也会有所不同。一般后视镜镜面有两种，一种是平面镜，顾名思义镜面是平的，这与一般家庭用镜一样，可得到与目视大小相同的映像，这种平面镜常用作内后视镜；另一种是凸面镜，镜面呈球面状，具有大小不同的曲率半径，它的映像比目视小，但视野范围大，如同相机"广角镜"的作用，这种凸面镜常用作外后视镜。

防眩目后视镜是目前常见的后视镜"升级版"，以自动防眩目后视镜为例，其主要核心部件包括一前一后两个光敏二极管、一面可以变色的反光镜和电子控制器，如图1-42所示。电子控制器根据两个光敏二极管吸收的光线强弱差值改变输出电压：当后方光线强于前方光线时，电子控制器输出电压则会升高，令电液颜色变深，反光镜显示暗光，并减弱后方光线照射强度，从而起防眩目的作用，有效保证驾驶员夜间行车安全。

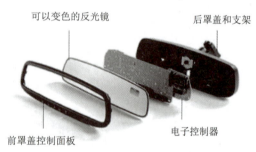

图1-42　防眩目后视镜结构

6. 扰流器

扰流器的作用是减少汽车行驶时产生的反向气流，同时增加汽车的下压力，使汽车行驶更加平稳，从而降低油耗，提高汽车行驶的安全性和稳定性。

汽车上有很多风格的扰流器。比如赛车上的高扰流器，主要是让气流直接作用在扰流器上，使气流产生的向下压力不再作用在车身上，从而抵消其作用。汽车侧面、底部的扰流器，增加车辆外观美感的同时，还能降低汽车在行驶过程中产生的风噪。有些旅行车在车顶后部装有扰流器，引导车顶上的一部分气流流过后窗面，既能降低车尾的升力，又能利用气流清除后车窗玻璃表面的浮尘，避免灰尘黏附在后车窗玻璃上。汽车后部扰流器如图1-43所示。

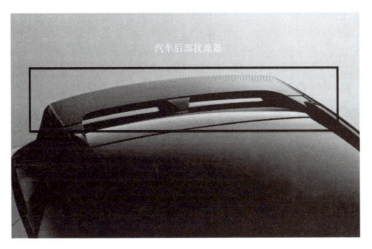

图 1-43　汽车后部扰流器

7. 敞篷

　　敞篷车是指带有折叠式可开启车顶的轿车，如图 1-44 所示。敞篷车按照车顶的结构可以分成硬顶车和软顶车，软顶车更为常见，通常采用帆布、乙烯或塑料为车顶材料，配以可折叠的支架。硬顶车的车顶为金属材质，通常可以自动开合。

图 1-44　敞篷车

任务评价

本任务评价如表1-7所示。

表1-7　销售顾问车辆其他附件推介表现评分表

序号	评价项目	评价指标	分值	自评	互评	师评	合计
1	车辆附件种类介绍	能够介绍雨刷的功用	10				
		能够介绍车顶行李架的功用及优势	10				
		能够介绍全景天窗的特点	10				
		能够介绍后视镜的特点	10				
		能够介绍扰流器、敞篷的特点	10				
2	话术演练	话术简洁明了、通俗易懂	10				
		讲解过程中状态自然、表达清晰，能够面带微笑、热情饱满地介绍车辆附件	20				
3	规范操作及环保意识	能够规范操作，并对现场设备、车辆、卫生进行管理	20				
	合计		100				
	综合得分						

任务拓展

张先生想买一辆家庭用车。在购车方面，张先生和张太太比较关注车辆的配置，包括车窗升降、记忆功能以及天窗等。请以任意品牌、任意车型为例，向张先生、张太太推介车辆的电动车窗、车顶行李架等配置优势。

模块二

内部装饰

模块简介

汉车内部装饰就像家里的装修一样，能体现一辆车的档次，特别是豪华车型尤为注重内部装饰的品质，比如座椅的面料材质、仪表台的覆盖面料、装饰条的材质和花纹等，在细节中体现厂家的用心。而在经济型的家庭用车上，内饰的实用性则更受消费者关注，如后备厢的空间、扶手和杯架、座椅的放倒形式等。了解和掌握汽车内部装饰的相关配置和操作，是汽车销售人员应具备的专业能力。

本模块主要介绍仪表台、座椅和内部空间的常见配置。通过本模块的学习，应能介绍内部装饰常见技术的特点和优势，以及给客户带来的利益。

任务一　仪表台推介

学习目标

知识目标

（1）掌握车辆仪表台的重点介绍部位。

（2）了解车辆仪表台各部件发展历程。

（3）掌握汽车仪表台各部件的优缺点。

仪表台推介

能力目标

（1）能够介绍车辆仪表台各部件的产品优势。

（2）能够介绍车辆仪表台各部件带给客户的利益。

素养目标

（1）重视人民至上的客户服务意识。

（2）增强人与自然和谐共生的环保意识。

任务导入

马先生 30 岁出头，是一家初创企业的创始人，现在要购买一辆家用和商务接待两用的车辆，他既看重车辆的科技感，又看重车辆内部装饰的档次，当他坐进驾驶舱时，对映入眼帘的仪表板、方向盘、挡杆等的外观和触感都比较在意，你能在汽车内部装饰上对马先生进行讲解吗？

任务实施

一、工作单

品牌名称 _____

（1）请列举车辆汽车仪表台的卖点。

_____

_____

_____

（2）请说明本品牌仪表台的优势及客户利益。

本品优势 _____

_____

_____

客户利益 _____

_____

_____

（3）请说明本品牌方向盘的优势及客户利益。

本品优势 _____

客户利益

（4）请说明本品牌内饰条的优势及客户利益。

本品优势

客户利益

（5）请说明本品牌换挡杆的优势及客户利益。

本品优势

客户利益

二、参考信息

1. 仪表盘

目前主流配置为全液晶仪表盘。全液晶仪表盘是指将传统机械仪表盘［图2-1（a）］替换成一整块液晶屏幕向驾驶者展示车辆行驶信息的设备，全液晶仪表盘取消了传统的物理指针，全部通过电子屏幕展示，如图2-1（b）所示。在一些车型中也存在仪表盘中一小部分是液晶屏幕的，如图2-1（c）所示。

（a）
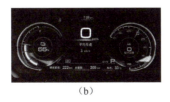
（b）

（c）

图2-1　三种仪表盘

（a）传统机械仪表盘；（b）全液晶仪表盘；（c）部分液晶仪表盘

全液晶仪表盘主要由软件与硬件两大部分组成，如图 2-2 所示。硬件是指电路方面，其工作时，车上各传感器对信号进行检测，经电路传递到微处理器中，微处理器根据编写好的程序对各种信号进行转换、处理，最后由显示电路显示数据；软件是指微处理器中编写好的各种控制程序，其中图形处理器和液晶显示屏是硬件中最为核心的部件，屏幕材质和尺寸影响显示效果，就像计算机显示器一样，如果采用 OLED 屏幕显示，效果将会得到很大提升，关于显示屏幕相关技术，读者可以在网络自行查阅。图形处理器也叫 GPU，相当于计算机里的显卡，负责图形运算，尤其 3D 画面显示时，需要它进行大量的实时运算，它的运算速度快慢决定液晶显示屏画面的延迟和刷新率，好的图形处理器可以使显示画面流畅，相反则会出现画面卡顿现象。软件部分最主要的是用户界面（UI），各汽车厂家的设计风格不同，用户的喜好也各不相同，但是页面简洁、易于使用、美观是大多数用户的选择。

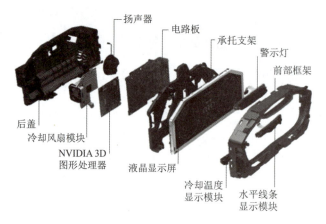

图 2-2　全液晶仪表盘构成

2. 方向盘

（1）方向盘材料。方向盘材料主要指方向盘表面覆盖材料，常见的材料有塑料和真皮两种。真皮方向盘就是用真皮包裹装饰的汽车方向盘，真皮方向盘表层下也是由塑料在模具中成型而制成的。和塑料材料相比，真皮更有韧性、更舒适，但价格也更高。方向盘用真皮材料包裹韧性更好，使驾驶员握方向盘的手感更加细腻舒适。真皮材料与手掌的摩擦系数比塑料大，更有益方向盘的精准操作，避免驾驶员因手滑使方向盘失控造成的安全事故，另外可在一定程度上提升车内档次。多功能操作区通常不会使用真皮进行包裹，小型车及紧凑型车一般都是在方向盘外围包裹真皮，只有部分豪华车才会把方向盘的中间区域也用真皮进行包裹。

（2）方向盘位置调节。方向盘位置通常可以上下调节和前后调节，而调节的方式又分为手动调节和电动调节两种，如图 2-3 所示。

（a） （b）

图 2-3 方向盘调节

（a）手动调节；（b）电动调节

（3）多功能方向盘。多功能方向盘是指在方向盘两侧或者下方设置一些功能按键，包括接打蓝牙电话、音响控制、定速巡航、行车计算机等，如图 2-4 所示。在挑选多功能方向盘时，应主要关注以下几个方面。

图 2-4 多功能方向盘功能按键

①功能是否全面。虽然不同厂家车辆都宣称配备了多功能方向盘，但是功能选项有的比较单一，有的却比较丰富。

②按键工艺。方向盘上的按键和计算机键盘的按键类似，按键的工艺决定按键的使用寿命和键帽表面字体的耐磨程度。

③按键的布局和造型设计。方向盘功能按键的位置和表面造型是否符合人体工程学设计，决定了驾驶员使用的便捷性和手感，同时对美观度也会产生影响。

3. 内饰条

内饰条是指装饰车辆内部的各种条状装饰件，常见的种类包括以下几种。

（1）木质内饰条。木质内饰条使用木材制成，给车内增添一种温暖和高档感，如图2-5所示。木质内饰条的优点是自然、环保，并且具有良好的质感和触感。然而，木质内饰条易受潮、变形和磨损，需要定期保养。

图2-5　木质内饰条

（2）金属内饰条。金属内饰条使用金属材料（如铝合金、不锈钢等）制成，给车内带来一种时尚感和现代感。金属内饰条的优点是耐用、易清洁，并且具有高度的耐磨性。但金属内饰条也有易产生划痕和易留指纹等问题。

（3）塑料内饰条。塑料内饰条使用塑料材料制成，常见的种类有PVC（聚氯乙烯）、ABS（丙烯腈-丁二烯-苯乙烯的三元共聚物）等。塑料内饰条的优点是轻便、易加工和成本低廉，同时也具备较好的耐用性和耐磨性。但塑料内饰条的质感和触感相对较差，受阳光暴晒容易变色和老化。

（4）软性内饰条。软性内饰条使用柔软的材料（如仿皮革、绒面布等）制成，给车内带来一种舒适感和豪华感。软性内饰条的优点是触感舒适、易清洁。然而，软性内饰条容易受磨损。

不同车型和品牌的内饰条种类和材质有所不同，消费者可以根据自己的喜好和实际需求进行选择。

4. 挡杆

（1）换挡杆。换挡杆作为汽车的重要部件，随着科技的发展，也逐渐增加了许多先进的工艺和功能，传统的手动换挡已经逐渐被电动换挡所取代。电动换挡可以通过旋钮式或拨杆式控制，使换挡更加方便和快速，如图2-6所示。

一些豪华车型的换挡杆采用了高品质的材质，如真皮、铝合金或碳纤维等，提升了整体的质感和品质。

（2）换挡指示灯。现代汽车上的换挡杆通常会配备换挡指示灯，以显示当前所处的挡位，帮助驾驶员更好地掌握车辆状态，如图 2-7 所示。

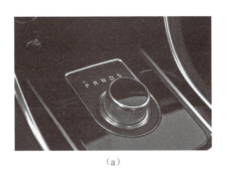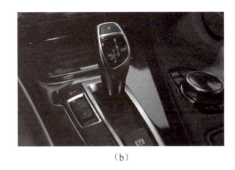

（a） （b）

图 2-6 电动换挡

（a）旋钮式电子换挡；（b）拨杆式电子换挡

图 2-7 换挡指示灯

（3）电子式怀挡。电子式怀挡是指把挡杆布置在方向盘右下方位置的布置形式，如图 2-8 所示。

图 2-8 电子式怀挡

电子式怀挡相对于传统换挡杆，设计操作更加方便、安全，手不用离开方向盘即可以完成换挡操作，且便于集成像自适应巡航这样的辅助驾驶功能。此外，电子式怀挡能够充分节约空间，使前排两个座椅之间能够有更大的空间可以利用。

（4）换挡拨片。换挡拨片是一种用于手动控制挡位的装置，通常位于车辆方向盘下方位置，如图2-9所示，它允许驾驶员通过拨动拨片来手动控制变速器的换挡操作。换挡拨片的优点主要有以下几个。

更快的换挡速度：相比传统换挡杆，换挡拨片操作更为直接，能够快速切换到所需的挡位，提供更高的换挡速度和更快的响应。

驾驶操控性增强：由于换挡拨片位于方向盘上，驾驶员可以同时保持双手握住方向盘，更加方便和精确地操作换挡，提高驾驶操控性。

更加运动化的驾驶体验：换挡拨片的操作方式类似于赛车，给驾驶者带来更加运动化和激动人心的驾驶体验。

然而，换挡拨片也存在一些缺点。

学习曲线较陡：对于没有使用过换挡拨片的驾驶员来说，需要一定的时间来适应和掌握换挡拨片的操作方式。

需要专注和集中注意力：换挡拨片的操作需要驾驶员额外的手指动作，可能会分散驾驶员的注意力，增加驾驶风险。

可能导致误操作：换挡拨片的位置相对固定，如果驾驶员在紧急情况下错误地拨动拨片，可能会导致错误的换挡操作，从而影响驾驶安全。

总的来说，换挡拨片提供了更快的换挡速度和增强的驾驶操控性，但需要驾驶员适应和掌握操作方式，并在使用时保持专注和谨慎。

图2-9　换挡拨片

任务评价

本任务评价如表2-1所示。

表2-1 销售顾问仪表台推介表现评分表

序号	评价项目	评价指标	分值	自评	互评	师评	合计
1	仪表台推介	能够准确介绍全液晶仪表盘的结构特点	10				
		能够示范操作方向盘位置的调节和多功能方向盘的使用	10				
		能够准确介绍方向盘覆盖面料的材质优势和客户利益	10				
		能够准确介绍内饰条的产品优势和客户利益	10				
		能够清晰描述换挡拨片、电子式怀挡的产品优势及客户利益	10				
2	奋斗精神	具有自主学习的探究意识	10				
		具有勇于挑战的奋斗精神	10				
3	职业素养	具有团队合作、信息搜集的能力	10				
		具有语言组织和表达能力	10				
		具有现场5S管理能力	10				
合计			100				
综合得分							

任务拓展

肖先生是一家上市公司高管，需要增购一辆商务接待用车，他比较注重车辆内部装饰品质和档次。请以任意品牌、任意车型为例，向肖先生推介本产品的内部装饰。

任务二　座椅推介

学习目标

知识目标

（1）熟悉车辆座椅的构成。

（2）了解车辆座椅的发展。

（3）掌握汽车座椅各种功能的优缺点。

能力目标

（1）能够介绍车辆座椅的优势。

（2）能够介绍车辆座椅带给客户的利益。

素养目标

（1）养成客户服务意识。

（2）增强创新意识。

座椅推介

任务导入

　　家住南方的张先生，由于生意需要，需添置一辆代步用车。张先生由于身体原因，特别爱出汗，而且张先生经常需要用车拉一些面积较大的物品，故对后备厢的空间有要求，请以座椅的特点向张先生推荐车型。

任务实施

一、工作单

品牌名称 _____

（1）请列举车辆座椅卖点。

（2）请说明本品牌座椅面料的优势及客户利益。
本品优势

客户利益

（3）请说明本品牌座椅调节功能的优势及客户利益。
本品优势

客户利益

（4）请说明本品牌座椅通风功能的优势及客户利益。
本品优势

客户利益

（5）请说明本品牌座椅按摩的优势及客户利益。
本品优势

客户利益 _____

_____

_____

_____

（6）请说明本品牌座椅折叠功能的优势及客户利益。

本品优势 _____

_____

_____

客户利益 _____

_____

_____

_____

二、参考信息

1. 座椅面料

（1）织物材质面料。织物材质面料就是合成纤维织成的布料，如图 2-10 所示。织物材质面料一般用于品牌车系中的低端车型，制造成本低，价格便宜，透气性好。缺点是容易脏，不易清洁。

图 2-10　织物材质面料

（2）仿皮材质面料。仿皮也就是人造皮革。仿皮主要是两种材质，一种是人造革，一种是超纤皮。人造革又分为三种，PVC 人造革、PU（聚氨基甲酸酯）革和合成革。PU 革普遍使用在 20 万元以下的汽车，简称"PU"，如图 2-11 所示。PU 革非常接近于真皮，在实用性、耐用度上跟真皮基本不相上下，而且成本非常低。

（3）真皮材质面料。真皮座椅的原材料均为动物毛皮，牛皮和羊皮是市面上常见的真皮座椅材料。根据不同的工艺水平，真皮又可分为头层皮、二层皮以及多层皮，其中头层皮品质最好，价格也最为昂贵。另外，动物皮革产地的不同，也直接影响品质的高低。北欧斯堪的纳维亚半岛因环境温度较低，该地区的小牛极少被蚊虫叮咬，避免了皮肤上的瘢痕，从而保证了整张皮面的无瑕平整，像宾利这类顶级豪华车会选用斯堪的纳维亚小牛皮。

图 2-11　PU 革

Nappa 真皮座椅采用的是一种高端的座椅材料，常用在豪华汽车和高档车型中。它由优质牛皮制成，具有柔软、光滑和耐久的特点。Nappa 真皮座椅工艺精湛，采用了特殊的染色和涂层技术，使其具有出色的色彩、质感和光泽。另外，Nappa 真皮座椅还具备透气性和舒适性，能够在乘客长时间坐车时提供良好的支撑和舒适感。Nappa 最早起源于美国加州的纳帕地区，意思是"软而不松"，是一种皮革的加工工艺。而最初的 Nappa 皮，专指从纳帕地区出产的软羊皮。现在 Nappa 皮从专指羊皮变为头层牛皮，概念也变得越来越宽泛。如今的 Nappa 皮是柔软真皮的代名词，特指"由植物鞣剂和明矾盐鞣制的，无修饰的小牛皮或羊羔皮"。

（4）Alcantara 材质面料。Alcantara 这种材料是在 20 世纪 70 年代由日本东丽株式会社（以下简称日本东丽）开发的，由 68% 的涤纶和 32% 的聚氨基甲酸乙酯构成，呈现一种类似于翻毛皮的合成材质。和普通织物面料以及真皮相比，Alcantara 最大的优势在于颜色更加饱满，视觉上有着非常高的档次感，而且 Alcantara 材质摸起来手感更加细腻，同时还拥有无法比拟的摩擦系数。驾驶员在激烈驾驶过程中，可以避免身体和座椅摩擦力不足而导致的滑动，稳定车辆操控。此外，Alcantara 材质还具有很强的阻燃性和耐磨性，日常使用基本不会出现磨损，非人为破坏的状态下，几乎不存在老化痕迹。Alcantara 材质打理起来也相对容易，咖啡、果汁或是汗渍等，只要使用专用的泡沫清洁剂即可清理干净。据资料显示，Alcantara 材质的价格大约为 1 000 元/m²，而 Nappa 真皮的价格一般不会超过 500 元/m²。

2. 座椅调节

汽车座椅调节分为手动调节和电动调节两种方式，据车型配置的不同，部分车辆的座椅调节功能也会有所差异。

（1）手动调节座椅，如图 2-12 所示。

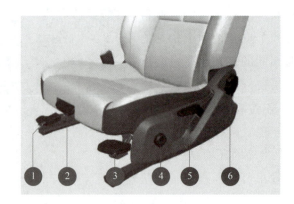

图 2-12　手动调节座椅

图注：①可拉高把手前/后调整座椅，调整与方向盘、踏板之间的距离，在调整位置之后检查座椅是否在锁定位置；②可向上拉动手柄并手动前/后移动坐垫，可改变坐垫长度；③可上/下扳动升/降坐垫前缘；④可向上/向下/向前/向后按下按钮更改腰部支撑；⑤可上/下扳动操纵杆升/降座椅；⑥可转动控制旋钮更改靠背倾斜角度。

（2）电动调节座椅，如图 2-13 所示。

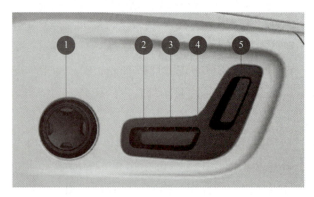

图 2-13　电动调节座椅

图注：①可通过向上/向下/向前/向后按下四向控制器，激活并使用腰部支撑控制；②可上/下调整控制器升/降坐垫前缘；③可上/下调整控制器升/降座椅；④可前/后调整控制器前/后移动座椅；⑤可前/后调整控制器更改靠背倾斜角度。

3. 座椅加热

座椅加热指座椅内的电加热装置。汽车座椅加热系统由加热垫、控制器、电源系统、温度感应器和安全保护装置等组成，可以实现对座椅的加热控制，能够提供舒适的座椅温度，提高驾驶乘坐的舒适性。

（1）加热垫：位于座椅底部和靠背部分，由加热元件组成，通常使用发热丝或碳纤维等材料制成。加热垫能够快速产生热量，并传导给座椅。

（2）控制器：用于控制座椅加热的开关和温度调节。控制器通常位于车辆驾驶员或乘客座椅侧面，用户可以通过控制器选择不同的加热挡位和温度。

（3）电源系统：提供加热垫所需的电能。一般情况下，汽车座椅加热系统与车辆电池直接连接，通过车辆的电路系统供电。

（4）温度感应器：用于检测座椅的温度，并根据设定的温度调节加热垫的功率。温度感应器可以保持座椅的温度在设定范围内，避免过热或过冷。

（5）安全保护装置：为了避免座椅加热系统过热或发生故障，通常还会设置一些安全保护装置。例如，过热保护装置可以在座椅温度过高时自动断开电源，以保证使用者的安全。座椅加热标识如图2-14所示。

图2-14 座椅加热标识

4. 座椅通风

座椅通风是指在座椅靠背和坐垫内部安装风扇、通风织物层等，驾驶员可以通过按键开启座椅通风功能，如图2-15、图2-16所示，风扇向外吹风来给坐垫和靠背散热降温，在炎热的夏季座椅可以给驾驶员后背和臀部带来凉爽。

图2-15 座椅通风/加热按键

图2-16 有通风功能的坐垫

5. 座椅按摩

座椅按摩是通过机械力的挤压，疏通人体经络，促进气血循环，使人精神振奋，可以有效缓解身体疲劳。

汽车座椅按摩装置由电动机、按摩头、按摩球等组成，通过控制开关或遥控器来调节按摩方式和强度。座椅按摩装置内置一个或多个电动机，通常位于坐垫和靠背的内部，用于提供动力。按摩头和按摩球是座椅按摩装置的核心部件，它们通常由软质材料制成，可以完成按压、揉捏、挤压和振动等按摩动作。按摩装置配备了控制系统，可以

通过按钮或遥控器来启动和调节按摩功能。控制系统会将电动机的动力传递给按摩头和按摩球，控制其按摩方式和强度。座椅按摩装置通常提供多种按摩方式和强度供用户选择，如揉捏、敲打、振动、模拟人手等，用户可以根据自己的需求和喜好进行调节，调节界面如图 2-17 所示。

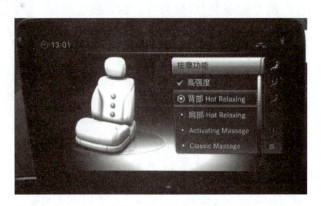

图 2-17　座椅按摩调节界面

6. 座椅折叠

座椅折叠功能是指车辆后排座椅可以通过调整后背、坐垫的角度、位置，以扩展后备厢或者后排空间功能。

常见的座椅折叠形式有座椅倾斜、座椅放平、座椅收起等，因各汽车厂商设计而有所不同。座椅倾斜是后排座椅靠背向前倾斜一定角度，但是无法放平的一种折叠形式，如图 2-18 所示。

图 2-18　座椅倾斜

座椅放平是后排座椅靠背可以完全放平，并且与后备厢地板形成一个完整的平面，如图 2-19 所示。

图 2-19　座椅放平

座椅收起是座椅靠背折叠后，坐垫及底座还可以进一步翻转，将整个座椅向前方或者两侧收起，如图 2-20 所示。

图 2-20　座椅收起

座椅折叠功能使用时通常在座椅靠背上方扣动锁扣，向前方搬动座椅靠背完成折叠，如图 2-21 所示。

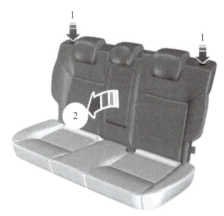

图 2-21　座椅折叠使用方法

任务评价

本任务评价如表2-2所示。

表2-2　销售顾问座椅推介表现评分表

序号	评价项目	评价指标	分值	自评	互评	师评	合计
1	座椅推介	能够准确描述真皮、仿皮、织物座椅面料的产品优势和客户利益	10				
		能够示范操作座椅前后、高低、靠背角度、腰部支撑的调节	10				
		能够准确描述座椅通风和座椅加热的产品优势及客户利益	10				
		能够准确描述座椅按摩的产品优势及客户利益	10				
		能够清晰描述座椅倾斜、座椅放平以及座椅收起的产品优势及客户利益	10				
2	奋斗精神	具有自主学习的探究意识	10				
		具有勇于挑战的奋斗精神	10				
3	职业素养	具有团队合作、信息搜集的能力	10				
		具有语言组织和表达能力	10				
		具有现场 5S 管理能力	10				
合计			100				
综合得分							

任务拓展

　　家住东北的王女士想买一辆家庭用车。王女士天生怕凉，尤其是冬天开车时，如果座椅冰冷就会难以忍受。在购车需求方面，王女士特别注重车辆的舒适性。请以任意品牌、任意车型为例，向王女士推介本品的车辆座椅。

任务三　车内空间推介

学习目标

知识目标

（1）熟悉车内空间的测量方法。

（2）掌握车辆后排空间的评价标准。

（3）掌握车内氛围灯的优势。

车内空间推介

能力目标

（1）能够根据客户现实情况合理介绍车内空间。

（2）能够说出车内氛围灯带给客户的利益。

（3）能够向客户完整介绍车内阅读灯的使用方法。

素养目标

（1）养成客户服务意识。

（2）具有不断深入的创造潜力。

任务导入

　　王先生是一名教师，假期经常带家人自驾游，王先生个子高大，接近 1.8 m，王先生购车特别关注车内空间，尤其是后排乘客的舒适性，请以本品车内空间的特点向王先生推荐。

任务实施

一、工作单

品牌名称＿＿＿＿＿＿＿＿＿＿＿＿＿＿＿＿＿＿＿＿＿＿＿＿＿＿＿＿＿＿＿＿＿＿＿

（1）请介绍车内空间。

（2）请说明本品牌头部空间的优势及客户利益。
本品优势

客户利益

（3）请说明本品牌腿部空间的优势及客户利益。
本品优势

客户利益

（4）请说明本品牌肘部空间的优势及客户利益。
本品优势

客户利益

（5）请说明本品牌储物空间的优势及客户利益。
本品优势

客户利益

（6）请说明本品牌车内氛围灯的优势及客户利益。

本品优势 _____

_____

客户利益 _____

_____

（7）请说明本品牌车内阅读灯的优势及客户利益。

本品优势 _____

_____

客户利益 _____

_____

二、参考信息

1. 头部空间

车辆前排包含主驾驶座位和副驾驶座位，因车型配置不同，有的车辆副驾驶位不具备调节座椅高低的功能，而主驾驶位大多数都具备调节座椅高低的功能，主、副驾驶座椅通常具有座椅靠背角度调节的功能，而后排座椅通常高低和靠背角度都不具备调节功能，所以前排座椅通常可以调整到一个较舒适的位置。前排头部空间是指驾驶员/乘客调整座椅到适宜且舒服的位置后，头顶部距离车辆顶棚的距离；后排头部空间是指乘客自然入座后排座椅后，头顶部距离车辆顶棚的距离，一般以预留1拳的距离为宜，如图2-22所示。如果坐在前排的驾驶员身高在1.8 m以上，可能会出现头顶到车辆顶棚的状况。

图2-22 头部空间

2. 腿部空间

前排座椅可前后调节，不存在腿部空间不足的情况，因此，腿部空间主要指后排的腿部空间。为了统一标准，以对比不同车辆后排腿部空间大小，通常采取的方法：把前排座椅位置调整到它能够达到的最靠后的位置后，测量后排乘客膝盖前部距离主驾驶座椅的距离。一般距离能够达到 1 拳，可认为腿部空间基本够用；如果后排能够翘起二郎腿，可认为腿部空间十分宽敞，如图 2-23 所示。

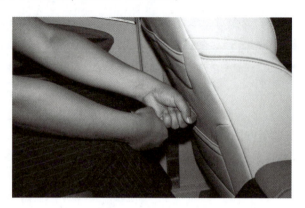

图 2-23　腿部空间

3. 肘部空间

肘部空间是指驾驶员或者乘客在车内入座后，肘部放置的位置是否宽敞舒适。前排中央扶手箱和前门上通常设有扶手，可以很舒适地把肘部搭在扶手箱或者车门上，如图 2-24 所示。车门扶手通常内置海绵等柔软的材料，外部覆盖织物或者皮革，肘部放置在扶手上比较舒适。

图 2-24　车门上的扶手

4. 储物空间

储物空间是指在车门、顶棚、仪表台、中央扶手箱等处设置的小型储物空间，可以放置水杯、证件、手机等物品的空间。评价一辆车储物空间是否优秀，主要看车辆是否设置足够的储物空间。

（1）中控处的储物空间。主驾驶和副驾驶之间的区域除了换挡杆和一些功能按钮外，通常设置一些储物空间，用来放置手机、水杯、眼镜以及驾驶证等，如图2-25～图2-27所示。

 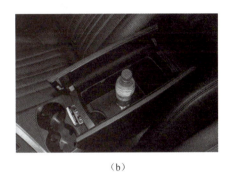

（a）　　　　　　　　　　　　　　　　　（b）

图 2-25　中央扶手箱和前排水杯架

（a）关闭时；（b）打开时

图 2-26　中控处的手机放置处

图 2-27　中控处的手机放置处

（2）仪表台的储物空间。仪表台下部有许多空间，常见的是副驾驶前方的手套箱，有的车辆在主驾驶方向盘下方也设置一个小型储物箱，虽然没有手套箱大，但是可以用来存放证件、零钱、眼镜等物品，如图 2-28、图 2-29 所示。

图 2-28　手套箱

图 2-29　仪表台下方的储物空间

（3）车门储物空间。车门上主要有两处可以设置储物空间，一处是靠近底部的车门内饰板上的储物空间，可以放置矿泉水以及其他一些杂物，如图 2-30 所示；另一处是车门内饰板上方的控制玻璃升降按键附近的小储物空间，不过因为空间较小，所以利用率较低，也有很多车型不设置这个储物空间，而是直接做成了扶手，方便乘客肘部倚靠。

图 2-30　车门储物空间

（4）后排储物空间。后排储物空间常见的有后排中央扶手（或后排杯架），如图 2-31 所示，以及前排座椅靠背上设置的网兜，可以放置如书刊和矿泉水等物品，如图 2-32 所示。

图 2-31　后排杯架

图 2-32　座椅靠背后的储物空间

5. 车内氛围灯

车内氛围灯也称内饰氛围灯，是在车辆内饰板的拼缝中设计的灯带，以及在仪表台下部驾驶员和副驾驶位乘客腿部空间设置的灯光，且灯光颜色可调，有的甚至有十几种颜色可选，常见的颜色有白色、红色、紫色、蓝色、暖黄色等，如图 2-33 所示。不同的颜色能符合不同的心情，使车内显得时尚动感，提升车辆档次。

图 2-33　车内氛围灯（附彩插）

6. 车内阅读灯

车内阅读灯是在车辆内部顶棚上设置的照明灯，通常前排中部和后排中部各有一组，每组两灯，用来方便车内乘客照明使用。车内阅读灯的开关通常有两种形式，一种是在灯具旁设置独立的开关，按下开关开启或关闭灯光，如图 2-34 所示；另一种是隐形开关的设计，看不到独立的开关，只需要按压灯具的塑料外壳就可以开启或关闭灯光，如图 2-35 所示。

图 2-34　独立开关的车内阅读灯

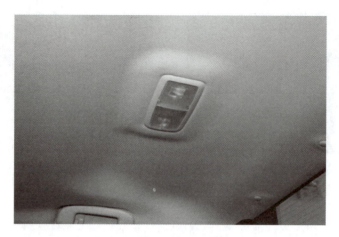

图 2-35   隐形开关的车内阅读灯

　　阅读灯的控制方式有三挡，分别是"开启""关闭"和"Door"，如图 2-36 所示。当前排顶棚按钮处于"开启"状态时，车内所有阅读灯开启；当按钮处于"关闭"状态时，车内所有阅读灯关闭；当按钮处于"Door"状态时，阅读灯处于关联模式，灯的开关与车门的开关状态相关联，车门开启时阅读灯也开启，车门关闭时阅读灯也关闭。有一些阅读灯也与车辆的点火开关和车锁状态相关联，车辆熄火后自动亮起，锁上车门后阅读灯熄灭。

图 2-36   车内阅读灯控制开关

任务评价

本任务评价如表2-3所示。

表2-3　销售顾问车内空间推介表现评分表

序号	评价项目	评价指标	分值	自评	互评	师评	合计
1	车内空间推介	能够准确描述头部空间的评测标准，并说明头部空间的产品优势和客户利益	10				
		能够准确描述腿部空间的评测标准，并说明腿部空间的产品优势和客户利益	10				
		能够准确描述肘部空间的评测标准，并说明肘部空间的产品优势和客户利益	10				
		能够准确说明储物空间的产品优势和客户利益	5				
		能够准确示范车内氛围灯的调节方法，并说明氛围灯的产品优势和客户利益	10				
		能够准确示范车内阅读灯的调节方法	5				
2	奋斗精神	具有自主学习的探究意识	10				
		具有勇于挑战的奋斗精神	10				
3	职业素养	具有团队合作、信息搜集的能力	10				
		具有语言组织和表达能力	10				
		具有现场5S管理能力	10				
合计			100				
综合得分							

任务拓展

王女士是一家医药公司的业务员，经常在各个医院间跑业务，需要在车上打电话。王女士购车比较在意车内空间，请你以任意品牌的某个车型为例，向她介绍该车的车内空间。

模块三 动力总成

模块简介

汽车动力总成是汽车的核心，其包含发动机和变速器，一辆车动力总成的技术集成能极大程度地反映生产厂商的技术实力，同时也最受选购汽车的消费者关注。随着全球对环境保护的关注，各国对燃油发动机的排放要求逐渐严苛，汽车厂商借助计算机和芯片等信息技术，不断改进发动机的燃油喷射控制和排放控制技术。当前动力总成技术发展的最主要的方向就是节能，消费者选购汽车时，既关注车辆的动力性，又关注经济性，汽车销售人员应该掌握动力总成相关技术的原理，以便能向消费者详细介绍汽车的核心技术。

任务一　发动机技术推介

学习目标

知识目标

（1）熟悉汽车发动机的构成和工作原理。

（2）了解汽车发动机技术的发展方向。

（3）掌握汽车发动机技术特征。

发动机技术
推介

能力目标

（1）能够介绍车辆发动机各种技术的优势。

（2）能够介绍车辆发动机技术带给客户的利益。

素养目标

（1）养成客户至上的服务意识。

（2）增强人与自然和谐共生的环保意识。

 学习内容

任务导入

张先生26岁，未婚，刚参加工作不久，想要购置一辆汽车，张先生比较在意车辆动力性，平时经常浏览汽车评测网站，对汽车配备的先进技术特别是发动机先进技术比较在意，请你为他选购车辆提供参考意见。

任务实施

一、工作单

品牌名称＿＿＿＿＿＿＿＿＿＿＿＿＿＿＿＿＿＿＿＿＿＿＿＿＿＿＿

（1）请介绍发动机搭载技术。

＿＿＿＿＿＿＿＿＿＿＿＿＿＿＿＿＿＿＿＿＿＿＿＿＿＿＿＿＿＿＿

＿＿＿＿＿＿＿＿＿＿＿＿＿＿＿＿＿＿＿＿＿＿＿＿＿＿＿＿＿＿＿

（2）请说明本品牌发动机增压系统的优势及客户利益（如果本品牌搭载了机械增压系统）。

本品优势＿＿＿＿＿＿＿＿＿＿＿＿＿＿＿＿＿＿＿＿＿＿＿＿＿＿＿

＿＿＿＿＿＿＿＿＿＿＿＿＿＿＿＿＿＿＿＿＿＿＿＿＿＿＿＿＿＿＿

客户利益＿＿＿＿＿＿＿＿＿＿＿＿＿＿＿＿＿＿＿＿＿＿＿＿＿＿＿

＿＿＿＿＿＿＿＿＿＿＿＿＿＿＿＿＿＿＿＿＿＿＿＿＿＿＿＿＿＿＿

（3）请说明本品牌增压系统的优势及客户利益（如果本品牌搭载了涡轮增压系统）。

本品优势＿＿＿＿＿＿＿＿＿＿＿＿＿＿＿＿＿＿＿＿＿＿＿＿＿＿＿

客户利益

（4）请说明本品牌直喷技术的优势及客户利益。

本品优势

客户利益

（5）请说明本品牌可变气门升程的优势及客户利益。

本品优势

客户利益

（6）请说明本品牌可变配气正时的优势及客户利益。

本品优势

客户利益

（7）请说明本品牌可变长度进气歧管的优势及客户利益。

本品优势

客户利益

（8）请说明本品牌主动式发动机悬置技术的优势及客户利益。

本品优势 _____

_____

客户利益 _____

_____

（9）请说明本品牌智能热量管理系统的优势及客户利益。

本品优势 _____

_____

客户利益 _____

_____

（10）请说明本品牌能量回收系统的优势及客户利益。

本品优势 _____

_____

客户利益 _____

_____

（11）请说明本品牌智能起停系统的优势及客户利益。

本品优势 _____

_____

客户利益 _____

_____

（12）请说明本品牌闭缸技术的优势及客户利益。

本品优势 _____

_____

_____

客户利益

_____

_____

(13) 请说明本品牌主动噪声控制技术的优势及客户利益。

本品优势

_____

_____

客户利益

_____

_____

(14) 请说明本品牌混合动力技术的优势及客户利益。

本品优势

_____

_____

客户利益

_____

_____

(15) 请说明本品牌胎压监测系统的优势及客户利益。

本品优势

_____

_____

客户利益

_____

_____

二、参考信息

1. 机械增压系统

机械增压（Super Charge）系统是发动机曲轴皮带轮通过皮带连接机械增压器皮带轮，利用发动机曲轴转动来带动机械增压器内部叶片转动，以产生增压空气送入发动机进气歧管内，如图 3-1 和图 3-2 所示。虽然气缸容积、进气歧管、气门、凸轮轴尺寸不变，但由于进气压力增加，每次气门开启时间内挤入燃烧室的空气增加，根据最佳空燃比的设定，喷油量也能相对增加，发动机每次做功释放热量比增压之前更多，最终使发动机输出功率增大。

图3-1　机械增压器

图3-2　配备机械增压器的发动机

2. 涡轮增压系统

涡轮增压（Turbo Charge）系统利用发动机废气的动力对进气进行增压，提高发动机的增压效率。涡轮增压系统压缩吸入的空气，增加气体密度，增加每个进气冲程进入燃烧室的空气量，增加供油量，从而提高燃烧效率和燃油经济性。涡轮增压系统的核心部件为涡轮增压器，它由离心式压气机与涡轮组合成一个整体，如图3-3所示，压气机叶轮与涡轮装配在同一根转轴上且一同转动，排气管内废气压力高于环境气压，向排气管流动过程中带动涡轮旋转，进而带动同轴的压气机旋转，压气机提高进气管里空气压力，增加每次进入气缸内空气的量。

图3-3　涡轮增压器

废气涡轮增压器的工作原理如图3-4所示。发动机排气管接在涡轮增压器的涡轮室进气口。当发动机排出的具有一定压力的高温废气经过涡轮时，由于此处面积由大到小，因而废气的流速迅速提高。高温高速的废气气流冲击涡轮，使涡轮高速旋转，废气的压力、温度、流速越高，涡轮转速也越高，通过涡轮的废气排入大气。这时，与涡轮同装在一根转子轴上的压气机叶轮也以相同的速度，将经空气滤清器滤清过的空气吸入压气机壳。高速旋转的压气机叶轮使进气流速和压力增加。压气机出气口与发动机进气管相连，高压空气流经进气管和中冷器进入发动机气缸。由于充气效率增大，燃油燃烧更加充分，在排量不变的情况下，发动机输出更大的功率。

机械和涡轮两种增压方式的目的都是增加发动机输出功率、提升燃油经济性，而每种方式都有优点和缺点。

涡轮增压器利用了一些"免费"的能量，如果不利用这些能量，它也会在排气中

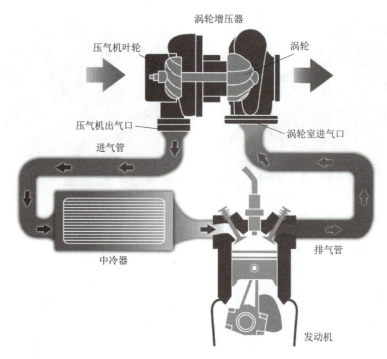

图 3-4　废气涡轮增压器的工作原理

完全损失。虽然驱动涡轮增压器确实会增加排气背压，会给发动机带来一定的负载，但与驱动机械增压器所损耗的直接机械负载相比，净损失往往小很多。机械增压器几乎可以立即提供增压，而涡轮增压器通常会有一些响应滞后，因为驱动涡轮增压器旋转所需的排气压力增加需要一些时间。在 4 s 内跑完 1/4 圈赛道的顶级赛车比赛中，没有时间浪费等待排气压力的建立，因此这种赛车都使用机械增压器；而负责提高平均燃油经济性的车辆不能在增压器上浪费宝贵的动力，因此大多使用涡轮增压器。

但随着轻度混合动力和 48 V 电气系统的兴起，由减速和制动期间回收的电动涡轮增压器被更多地使用。例如，奔驰 CLS 450 和 GLE 450 等车辆中搭载的 M256 六缸发动机现在使用电动涡轮增压器，2023 款路虎卫士 3.0T 版本则采用了涡轮增压+电动增压的配置。

3. 缸内直喷技术

缸内直喷技术通常用于汽油发动机，它将喷油嘴安装在燃烧室内，直接在气缸体燃烧室内进行汽油喷射，空气则通过进气门进入燃烧室与汽油混合成可燃混合气并燃烧做功，如图 3-5 所示。这种形式与直喷式柴油机相似，因此有人认为缸内直喷式汽油发动机是将柴油机的形式移植到汽油机上的一种创举。多点喷射技术是将燃油喷在进气道内，主要依靠壁面温度与进气门打开时废气倒流的温度促进燃油的蒸发，从而与空气混合形成可燃混合气，如图 3-6 所示。

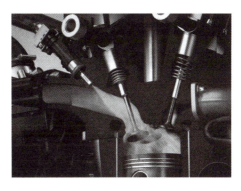

图 3-5 缸内直喷技术   图 3-6 多点喷射技术

缸内直喷技术因为可根据进气门开启时间来控制气缸燃烧的空气量，并按照实时工况来喷出相应的燃油量，因此可以更精准地控制比例。另外，缸内直喷技术能达到很高的喷射压力（15~20 MPa），直接好处是燃油与空气的混合更均匀，燃烧更充分，因此可降低油耗、增强动力。

4. 可变气门升程系统

可变气门升程（Variable Valve Lift，VVL）系统是通过控制气门开启大小，进而控制进气量，满足不同工况对氧气量的需求，可以改善发动机高速功率和低速转矩。

（1）本田 VTEC（可变气门正时和气门升程电子控制）系统。如图 3-7 所示，两个气门摇臂中间夹有一个特殊的摇臂，它对应的是凸轮轴上的一个高角度凸轮，当发动机运行在低转速工况时，两个气门摇臂和中间的特殊摇臂是分离的，气门摇臂只由低角度凸轮驱动，因此气门打开的升程较小，这样有助于提高低转速时的燃油经济性。但在发动机转速达到一定值以上时，由电子液压控制的连杆会将三个摇臂连为一个整体，此时三个摇臂就会同时被高角度凸轮驱动，而气门升程也会随之加大，单位时间内的进气量更大，从而发动机可以输出更大的动力。

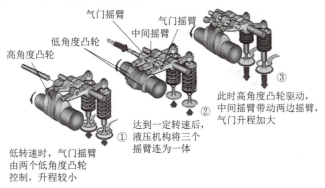

图 3-7 本田 VTEC 系统工作原理

（2）日产 VVEL（可变气门升程）系统。本田的 VTEC 系统是利用不同的凸轮来实现不同转速下气门升程的改变，而日产 VVEL 系统则是利用一个简单的螺杆和螺套带动摇臂旋转，实现连续可变气门升程功能。

日产 VVEL 系统工作原理如图 3-8 所示。首先车载计算机根据当前的发动机转速来决定螺套的所在位置，直流电动机驱动螺杆旋转，此时螺套沿着螺杆轴向向前或者向后移动，螺套由一根连杆与控制杆相连，螺套移动时可以带动控制杆转动，控制杆转动时上面的摇臂随之转动，而摇臂又与连杆 B 相连，摇臂逆时针转动时就会带动连杆 B 去顶气门挺杆上端的输出凸轮，最后输出凸轮就会顶起气门来改变气门升程。

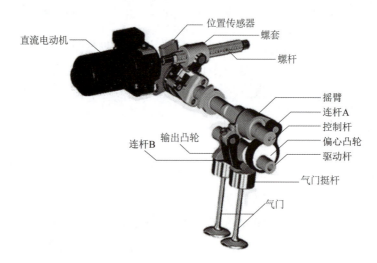

图 3-8 日产 VVEL 系统工作原理

（3）宝马 Valvetronic（电子可变气门）系统。宝马 Valvetronic 系统也是目前少数可以实现连续可变气门升程的技术之一。它依靠改变摇臂结构来控制气门升程，在凸轮轴与传统摇臂间加装了一根偏心凸轮轴，利用偏心凸轮轴上凸轮位置的改变来实现气门升程的改变，如图 3-9 所示。在怠速时，气门的行程在 0.4～0.8 mm，在节气门全开时（加速踏板踩到底），气门的行程最大可达到 10 mm。而未配备 Valvetronic 系统的发动机，气门行程一直在 8~10 mm 工作。

5. 可变气门正时技术

可变气门正时（Variable Valve Timing，VVT）技术是近些年来被广泛应用于现代轿车上的一种技术，发动机采用可变气门正时技术可以提高进气量，发动机的转矩和功率可以得到进一步的提高。

传统发动机的气门正时系统，是一种配气相位（气门开启关闭）一成不变的机械系统，这种配气系统很难满足发动机在多种工况下对配气的需要，不能满足发动机在各种转速工况下均输出强劲的动力要求。而可变气门正时系统是一种改变气门开启或关闭

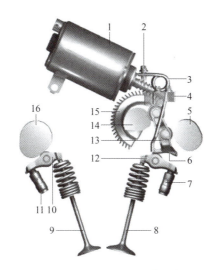

图 3-9　宝马 Valvetronic 系统工作原理

1—驱动器；2—丝杠；3—回位弹簧；4—槽板；5—进气凸轮轴；

6—斜坡；7，11—液力挺柱；8—进气门；9—排气门；10，12—摇臂；

13—中间杠杆；14—偏心凸轮轴；15—涡轮；16—排气凸轮轴

时间的系统，通过在不同转速下为车辆匹配更合理的气门开启或关闭时间，来增强车辆转矩输出的均衡性，提高发动机功率并降低车辆的油耗。

可变式气门驱动机构就是在发动机急速工作时减小气门行程，缩小"帘区值"，而在发动机高速工作时增大气门行程，扩大"帘区值"，改变"重叠阶段"的时间，使发动机在高转速时能提供强大的功率，在低转速时又能产生足够的转矩，从而改善发动机的工作性能。气门可变驱动机构能根据汽车的运行状况，随时改变配气相位，改变气门升程和气门开启的持续时间。

（1）VVT 技术可以调节发动机进气排气系统的重叠时间与正时，简单说就是发动机计算机根据不同的工况在一定范围内调整气门开启和关闭的时间来优化进气量，从而降低油耗并提升效率。

（2）VVT-i（智能可变气门正时）技术在 VVT 的基础上增加系统传感器以及相应控制系统。发动机起动后，ECU（Electronic Control Unit，电子控制单元）系统能够自动存储最佳气门正时参数值，从节气门位置传感器、曲轴位置传感器、水温传感器和凸轮轴位置传感器、进气歧管空气压力传感器等控制系统反馈回来的数据，全部都汇集到一起，随后进行计算，根据当前车况指定一套最合理的方案，并且把这套方案的命令执行下去。控制阀根据 ECU 发出的命令进行调整，也就是改变液压流量，把提前、滞后、保持不变等信号指令选择输送至 VVT-i 控制器的不同油道上，并通过各个传感器的信号来感知实际气门正时，然后再执行反馈控制，补偿系统误差，达到最佳气门正时的位置，以最佳的状态去应对进气以及凸轮位置等，以此来完成 VVT-i 技术的全部过程，从而有效地提高汽车的功率与性能，尽量减少耗油量和废气排放。

（3）CVVT 是英文 Continue Variable Valve Timing 的缩写，即连续可变气门正时，一般只是对进气侧气门可变正时。

（4）DVVT 是英文 Dual Variable Valve Timing 的缩写，即进排气气门可变正时。采用 DVVT 技术的发动机比目前市场上较多采用的进气门正时技术的发动机更高效、节能、环保，如图 3-10 所示。

图 3-10　DVVT 技术

6. 可变长度进气歧管系统

可变长度进气歧管系统就是根据发动机转速调节进气歧管长度的。当发动机转速低时，调节为较长的进气歧管，依照振动学原理，长度变长后，进气歧管固有频率得以降低，与此时的低转速气流振动频率接近，产生共振效果，使发动机在低转速时进气量增加，获得较大转矩。但是，当高转速时，因进气歧管较长，进气节流阻力大，使最大输出功率下降。因此，当发动机转速高时，调节为较短的进气歧管，其固有频率升高，与此时的高转速气流振动频率接近，也产生共振效果，使发动机在高转速时进气量增加，获得较大功率。

可变长度进气歧管系统主要由进气管转换阀、进气管转换阀控制机构等组成，其结构原理如图 3-11 所示。

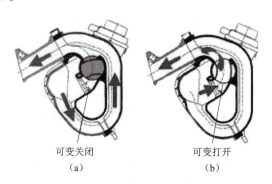

可变关闭　　　　　　　　可变打开
（a）　　　　　　　　（b）

图 3-11　可变长度进气歧管系统
（a）低转速；（b）高转速

7. 主动式发动机悬置技术

汽车发动机是车辆重要的振动源，为了提高驾驶员的乘坐舒适性，应尽量隔断其传递，在发动机和车架间放置支架可以有效降低振动。主动式发动机悬置技术能够根据不同工况，通过主动控制调节支架的刚度，改善车辆舒适性。随着发动机和动力传动系统变得更安静、更强大，发动机支架必须变得活跃或能够改变压缩率。主动式发动机悬置技术如图 3-12 所示。

在发动机支架中充满流体，当发动机在支架上施加力时，流体在腔室之间转移，以改变支架的压缩率，并且可以根据发动机负载改变支架刚度。这种支架在怠速时可以相对柔软，以吸收由间隔较长的或不均匀的气缸点火产生的不必要的晃动，然后在更高的发动机转速和负载下变硬，以限制不必要的发动机运动。大多数此类支架是通过发动机真空来调整支架的刚度的。早期的支架直接从发动机施加真空，后期更多的使用由电子控制模块（Electro Magnetic Compatiblility，ECM）的脉宽调制信号控制的电磁阀，以更好地控制阀门。

图 3-12　主动式发动机悬置技术

发动机支架的最大技术飞跃是磁流变液，它含有悬浮在油中的金属颗粒。当暴露在磁场中时，流体会改变黏度。如果使用电磁铁，则可以在几毫秒内主动改变黏度和阻尼特性。保时捷主动式悬置系统支架充满磁流变液，支架有两个腔室，腔室之间是电磁铁，在发动机低转速下，流体自由流动，以提供更舒适的驾驶体验；随着条件的变化，流体的黏度也会发生变化。流体的控制取决于 ECM，但它需要参考大量输入信号。例如，如果驾驶员正在换挡，当踩下离合器踏板或驾驶员拉动方向盘后面的换挡拨片时，它会改变支架的刚度；如果车辆正在驶出弯道，它将独立改变两个支架的黏度，以平稳地施加动力；如果驾驶员选择运动模式以提供更多反馈，则支架的刚度变大。

8. 智能热量管理系统

智能热量管理系统依据发动机工况的不同，调整冷却通路中冷却液的流向和流量，从而让发动机尽可能工作在最佳温度区间。例如，冷起动时，为了使发动机快速升温，快速暖机，要使冷却液停止流动；当发动机在中低转速，中低负荷工作时，温度稳定在较高温度，从而降低机油黏度，减少摩擦功损失；当发动机高负荷运转时，控制冷却液处于较低的温度区间，以提供更好的散热性能，防止发动机过热，并降低爆振倾向。

传统的机械水泵和节温器无法达到上述要求，需要借助开关式水泵，以及电加热节温器的组合方案。开关式水泵，也就是在传统的机械水泵基础上，增加了一套离合机构，可以控制水泵的开启和关闭，实现开-关控制；电子节温器是在传统的节温器中，通过给推杆供电加热，使节温器内部感温蜡受热膨胀，控制节温器的开闭。这样的组合方案，好处是可以在原有的冷却系统基础上，进行升级改造，变更规模不是很大，就能实现冷却系统一定程度上的智能化控制。

电子水泵和智能温控阀方案，如图 3-13 所示。这一套方案的先驱者就是奥迪，其在奥迪的 EA888 第三代机上首次采用，之后又有其他厂家效仿，比如日产的 VC-Turbo 2.0T 发动机、通用第八代的 Ecotec 发动机。奥迪将电子水泵集成在了温控阀中，能够控制三个水路通道，分别为水泵出水口、发动机机油冷却器和散热器。

（a）

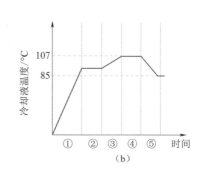

（b）

图 3-13　电子水泵和智能温控阀方案

（a）电子水泵；（b）智能温控阀方案
①—冷起动；②—最小流量；③—润滑油加热；④—部分负荷；⑤—全负荷

通过控制电子水泵和双球阀，能够依据发动机的工作状态，调节冷却液的流向和流速，一般分为冷起动、最小流量、润滑油加热、部分负荷，以及全负荷这五个运行阶段。

①冷起动阶段，水泵出水口关闭，可以让发动机快速暖机，快速提供暖风。

②最小流量阶段，水泵出水口流量最小，以防止缸盖高温区过热。

③润滑油加热阶段，通过加热发动机和变速箱的机油，减少发动机和变速箱的摩擦

损失。

④部分负荷阶段，冷却液温度保持在 107 ℃，此时发动机的摩擦损失最小。

⑤全负荷阶段，通过调节双球阀位置，让冷却液温度保持在 85 ℃，防止发动机过热。

9. 制动能量回收系统

制动能量回收系统（Braking Energy Recovery System）又称能量回馈制动或能量再生制动系统（Energy Regenerative Braking System），通常安装在电动车（包括混合动力汽车、纯电动车和增程式电动车）上，是指在车辆减速/制动或惯性滑行中释放的多余能量，在保证制动效能的前提下，使驱动电机被控制用于发电机工况，通过与驱动轴相连的能量转换装置，把车辆的一部分机械能（动能或位能）转化为其他形式的能量（电能），存储在储能装置（各种蓄电池、超级电容、超高速飞轮或者它们之间的复合装置）中并用于之后的加速行驶，使用时可迅速将能力释放，达到回收制动能量目标的一种技术，可以延长/增加电动车续航里程，同时施加电动机回馈转矩于驱动轴，对车辆进行制动。

车辆行驶过程中有时会需要踩刹车减速，以保证行车安全。当踩下刹车踏板车辆制动时，汽车依靠摩擦力消耗车辆动能进行制动，车辆的动能会通过制动系统刹车片与刹车盘的摩擦转化为热能，从而让车辆减速甚至停车。刹车产生的大量能量（摩擦生热）释放到大气环境中就消散了。表 3-1 为不同工况下制动能量与总驱动能量的对比关系。该数据表明，在这几种典型的城市工况下，制动能量占总驱动能量的 30%～50%。

表 3-1 不同工况下制动能量与总驱动能量的对比关系

工况	UDDS	ECE+EUDC	JAPAN1015
总驱动能量/kJ	46 840	43 600	32 110
制动能量/kJ	23 310	15 590	16 050
制动能量占比/%	49.8	35.8	50.0

注：UDDS 表示美国城市动态驱动工况，ECE+EUDC 表示欧洲城市低速+城郊高速工况，JAPAN1015 表示日本道路工况。

制动能量回收系统因混合动力的工作方式不同而不同。在发动机气门不停止工作的状态下，减速时能够回收的制动能量约是车辆运动能量的 1/3。通过智能气门正时与升程控制系统使气门停止工作，发动机本身的机械摩擦（含泵气损失）能够减少约 70%，回收能量增加到车辆运动能量的 2/3。

电动车制动能量回收系统由操纵机构、机械（或液压）制动系统、轮毂电动机、电动机控制器、电动机制动系统、逆变器、制动系统控制器和能量存储系统（动力蓄电池）等主要部件组成，如图 3-14 所示。

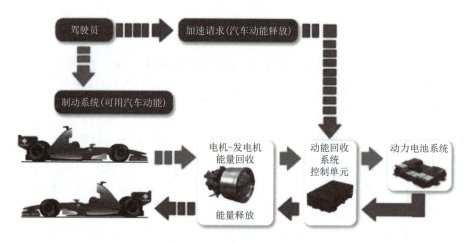

图 3-14　制动能量回收系统

10. 智能起停系统

智能起停系统（Intelligent Start-Stop System）是指汽车在短暂停车时，控制系统根据空调开关状态、蓄电池电量存储状态等信息，自动控制发动机熄火、点火的系统，其初衷是在短暂停车的情况下，发动机自动"休眠"，以达到节油减排的目的。自动起停系统起作用后，发动机严格意义上讲还在工作，处于正常运转温度，暂时的"休眠"只是皮带轮停止，转速下降，所以不会出现瞬间油耗高的问题。同时，汽车发动机的磨损大部分来自冷起动时的瞬间磨损，自动起停时间都很短，附在发动机缸体内表面的机油不会全部流回，热起动的情况下，对发动机的影响微乎其微。智能起停按钮如图 3-15 所示。

图 3-15　智能起停按钮

智能起停控制单元（Intelligent Start-Stop Control Unit）根据起停按钮、发动机电子控制单元（ECU）以及蓄电池单元信息判断是否发出起动发动机信号，当需要起动发动机时，智能起停控制单元和发动机控制单元共同向延迟模块发送起动信号，然后起动机工作，如图 3-16 所示。

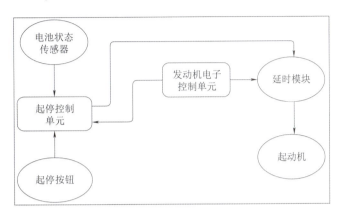

图 3-16　智能起停系统原理

智能起停系统使用时有以下注意事项。

（1）坡道和倒车避免使用起停系统。

（2）开空调尽量不用起停系统，开空调状态下起停系统起作用后，出风口出来的不是冷风。

（3）禁止起停熄火后加油，以防止加油未完成时车辆重新自动起动。

（4）涉水行驶关闭起停系统。

（5）起停熄火后挂 P 挡，松开刹车，发动机不会起动，不用一直踩着刹车。

11. 闭缸技术

闭缸技术，又叫可变排量（Variable Displacement）、气缸休眠，是一种可以让多缸内燃机中某几个气缸停止工作的技术，在一定程度上可以节省燃油，如图 3-17 所示。

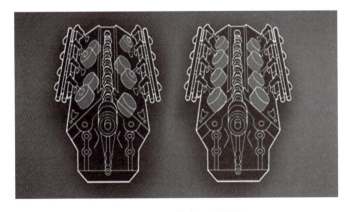

图 3-17　闭缸技术（附彩插）

如搭载 V8 发动机的宾利或奥迪，自然不会优先考虑燃油经济性。大排量的汽车如何兼顾动力性与燃油经济性呢？可以通过停用一半的气缸来实现。在市区路况慢速行驶时，使一半的气缸处于休眠状态，一旦踩踏加速踏板达到某个位置时，整个发动机就会全部投入工作。

当在几乎没有油门的情况下缓慢行驶时，与重载时相比，气缸内的压力会降低，这时会产生泵送损失，因为发动机必须浪费能量将空气吸入气缸以保持其运行，从而降低其效率。大型发动机在低速下的能量损失意味着，对于日常驾驶，配备小型三缸或四缸发动机的城市汽车将具有更高的内部气缸压力，从而使它们更加高效。

因此，气缸的停用将导致从进气歧管进入的空气被分配到更少的气缸，从而提高发动机的效率。这是通过同时关闭任何给定气缸的进气门和排气门来完成的，从而使停用的气缸与发动机的常规功能隔离开来。前一次冲程的废气会被困在停用的气缸中，并在活塞继续冲程时被压缩，然后解压缩。然而，压力的上升和下降实际上是相等的，这意味着在停用期间不会对发动机增加额外的负载。ECU 切断供应到气缸的燃油，并修改点火正时，以使整个发动机向较小排量状态平稳安全地过渡。

该技术由凯迪拉克和阿尔法·罗密欧开创，凯迪拉克在"V8-6-4"发动机上采用，阿尔法·罗密欧选择了更简单的四缸发动机，在城镇驾驶中只有两缸工作，而宾利 W12 发动机则是停用六缸。

12. 主动噪声控制技术

噪声控制技术可以分为被动噪声控制和主动噪声控制两类（主动噪声控制又称为有源噪声控制）。被动噪声控制技术依靠修改结构设计、增加阻尼材料或使用减振器和吸振器来降低噪声，这些技术对降低中高频（高于 500 Hz）的噪声非常有效。

主动噪声控制系统根据噪声来源可分为发动机噪声控制系统和路面-轮胎噪声控制系统两类。发动机噪声控制系统频率成分简单，研究起步较早，目前已经有成熟的产品，并且已在多个量产车型上应用，如在 2018 年北京车展上展出的车型别克昂科威、新君越，凯迪拉克 XTS、CT6，本田思铂睿、CR-V、UR-V、第十代雅阁，英菲尼迪 Q70L，福特蒙迪欧，林肯 MKC、MKZ，讴歌 CDX 等。路面-轮胎噪声控制系统目前主要集中在研究和试验阶段，2018 年韩国平昌冬奥会上，现代为其燃料电池汽车 Nexo 配置了主动噪声控制系统来降低其路噪；Bose 在 2019 年 1 月的美国拉斯维加斯国际消费电子产品展览会（CES）上发布了其路噪主动控制系统。

根据是否需要参考传感器，主动噪声控制系统可以分为前馈控制系统和反馈控制系统，典型的主动噪声前馈控制系统如图 3-18 所示。

发动机主动噪声控制系统主要由以下四部分组成。

（1）参考传感器，为控制器提供与车内噪声相关的参考信号，一般为转速传感器。

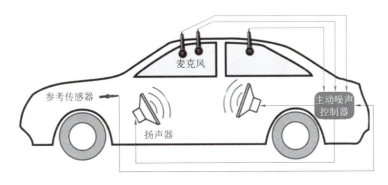

图 3-18　主动噪声前馈控制系统

需要指出的是，只有前馈控制系统需要参考传感器，反馈控制系统不需要。

（2）误差传感器，用来实时监测车内噪声，为控制器提供输入，一般为声压传感器。为了在降噪性能和成本之间取得平衡，现有的商用化汽车主动噪声控制系统多使用3个或4个误差传感器。例如，别克昂科威的发动机主动噪声控制系统中有3个麦克风作为误差传感器，两个分别位于前排顶棚把手处，一个位于后排顶棚中央。

（3）主动噪声控制器，接收来自参考传感器和误差传感器的信号，根据控制目标和控制算法自动生成驱动信号，驱动执行器（一般为车内扬声器）工作，控制器是整个系统的核心。

（4）执行器，将控制器产生的驱动信号转换为声信号，与车内初级噪声（不想听到的噪声）发生相消干涉，从而达到控制车内噪声的目的，执行器一般为车内扬声器。

13. 混合动力技术

混合动力通常是指传统汽车发动机搭配一套电力驱动系统，实现燃油燃烧产生的热能与蓄电池释放的电能的混合。按照混合动力汽车的电气化程度，可以分为混合动力（Hybrid Electric Vehicle，HEV）、插电式混合动力（Plug-in Hybrid Electric Vehicle，PHEV）和增程式混合动力（Range-Extender，REx）。

以传统燃油发动机汽车加装 48 V 电力驱动系统的混合动力为例介绍混合动力技术，48 V 轻混系统示意图如图 3-19 所示。轻混系统使传统内燃机显著提高效率，这得益于车辆制动能量回收。损失的能量将存储在 48 V 电池中，用于辅助输出动力，并为高功率的车载电气系统供电。这种轻混动力将油耗降低了 15% 或更多，从而减少了碳的排放。传统的由发动机皮带驱动的 12 V 发电机被 48 V 电池取代，在制动过程中，其将动能高效转换为电能，并将电能存储在一个小型的附加 48 V 电池中。它还辅助输出动力，功率高达 12 kW。此外，它还可以可靠地向与安全相关的高功率用电器（如驾驶员辅助功能、电动制动助力器）提供 48 V 电压。

对于轻混动力车，其主要驱动力是内燃机。驱动电机主要用于提高效率：制动能量

被回收，存储在小型 48 V 电池（~0.5~1 kW·h）中，用于辅助转矩输出，并为车载电气系统供电。这可节省 15%~25% 的油耗（具体取决于拓扑结构）。

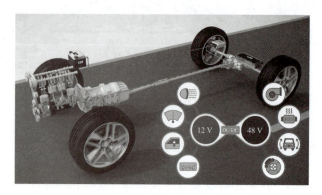

图 3-19　48 V 轻混系统示意图

任务评价

本任务评价如表 3-2 所示。

表 3-2　销售顾问发动机技术推介表现评分表

序号	评价项目	评价指标	分值	自评	互评	师评	合计
1	发动机技术推介	能够准确描述发动机机械增压、涡轮增压的结构和原理，以及增压系统的产品优势和客户利益	10				
		能够准确描述缸内直喷技术的产品优势和客户利益	5				
		能够准确描述可变气门升程系统的产品优势和客户利益	5				
		能够准确描述可变气门正时技术的产品优势和客户利益	5				
		能够准确描述主动式发动机悬置技术的产品优势和客户利益	5				
		能够准确说明可变长度进气歧管的产品优势和客户利益	5				
		能够准确说明智能热量管理技术的产品优势和客户利益	5				
		能够准确说明智能起停技术、闭缸技术的产品优势和客户利益	5				
		能够准确说明主动噪声控制技术的产品优势和客户利益	5				

续表

序号	评价项目	评价指标	分值	自评	互评	师评	合计
2	奋斗精神	具有自主学习的探究意识	10				
		具有勇于挑战的奋斗精神	10				
3	职业素养	具有团队合作、信息搜集的能力	10				
		具有语言组织和表达能力	10				
		具有现场 5S 管理能力	10				
合计			100				
综合得分							

任务拓展

　　周先生想买一辆家用车作为上下班的出行工具。由于上下班路况较为拥堵，在购车方面，周先生特别注重车辆的经济性。请以任意品牌、任意车型为例，向周先生推介本品的发动机配备技术装置。

任务二　变速器技术推介

学习目标

知识目标

（1）熟悉汽车变速器的构成和工作原理。

（2）掌握双离合变速器技术特征。

（3）掌握手自一体变速器的技术特征。

（4）掌握无级变速器的技术特征。

变速器技术
推介

能力目标

（1）能够介绍车辆变速器技术的优势。

（2）能够介绍车辆变速器技术带给客户的利益。

素养目标

（1）养成人民至上的服务意识。

（2）增强人与自然和谐共生的环保意识。

任务导入

张先生想要新购一辆车，它比较在意车辆换挡的平顺性和燃油经济性，请你以本品牌车辆变速器特征为重点，为他提供合理化的购车建议。

任务实施

一、工作单

品牌名称_____

（1）请列举常见变速器。

_____

_____

（2）请说明本品牌变速器的优势及客户利益（如果本品牌搭载了双离合变速器）。
本品优势 _____

_____

客户利益 _____

_____

（3）请说明本品牌变速器的优势及客户利益（如果本品牌搭载了手自一体变速器）。
本品优势 _____

_____

客户利益 _____

_____

（4）请说明本品牌变速器的优势及客户利益（如果本品牌搭载了无级变速器）。
本品优势 _____

_____

客户利益 _____

_____

_____

二、参考信息

1. 双离合变速器

双离合变速器（Dual Clutch Transmission，DCT），与直接换挡变速器（DSG）相同，但 DSG 只是大众的叫法，因其通过两套离合器工作，所以一般被称为双离合变速器。根据结构和工作原理不同，双离合变速器又有干式和湿式之分，如图 3-20、图 3-21 所示。干式双离合变速器的离合器寿命短，通常在行驶 5 万千米左右需要更换；湿式双离

合变速器寿命长，但成本高，通常配备湿式双离合变速器的车辆价格也高一些。

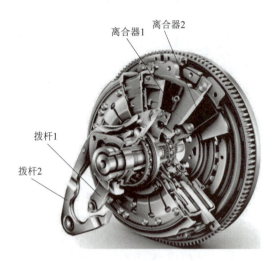

图 3-20　干式双离合变速器

图 3-21　湿式双离合变速器

双离合变速器的两个离合器分别连接一个输入轴，一个输入轴负责 1、3、5、7 奇数挡，另一个输入轴负责 2、4、6 偶数挡和倒挡，如图 3-22 所示。双离合变速器换挡和离合操作都是通过变速器控制单元控制实现的。变速器控制单元进行自动换挡逻辑控制，并发令使液压换挡电磁阀动作，完成挡位的自动转换。双离合变速器液压部分包括油泵、油路板、液压换挡电磁阀、双离合器和三个同步器的液压缸。

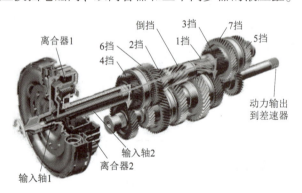

图 3-22　双离合变速器动力传递

双离合变速器换挡过程省去了挂入挡位的时间，所以换挡速度非常快。例如，变速器处于 1 挡时，连接 1 挡的离合器与变速器接合，变速器控制单元根据车速信息和发动机转速信号对换挡意图做出判断，预见性地控制另一个离合器与 2 挡齿轮组相连，但仅处于准备状态，尚未与发动机动力相连。当 1 挡升 2 挡时，连接 1 挡的离合器断开，连接 2 挡的离合器迅速与发动机接合，完成挡位切换。

2. 手自一体变速器

手自一体变速器，也就是我们常说的自动变速器（Auto Transmission，AT），其原理就是通过液力传动和行星齿轮组合的方式来实现自动变速，一般由液力变矩器、行星齿轮、换挡操纵、执行机构、换挡控制系统等装置组成，如图 3-23 所示。

图 3-23　自动变速器（AT）

液力变矩器：在发动机曲轴和变速器输入轴之间，液力变矩器用于传递和调节动力。液力变矩器包括泵轮和涡轮，通过液力的作用，将发动机动力传递给变速器。

行星齿轮：行星齿轮以不同的状态运行，产生不同挡位。图 3-24 就是一套行星齿轮，中间橙色的叫作太阳轮，蓝色的三个叫行星齿轮，它们固定在灰色的行星架上面，外面一圈黑色的叫作齿圈。它们之间是相互啮合的，行星架、太阳轮、齿圈中只要有一个发生转动，必然引起其他两个的运动。

手自一体变速器内部有很多组离合器，有些是用来固定齿圈、行星架的，称为制动器；有些是用来把不同单元连接起来的，称为离合器。AT 换挡的本质就是通过电磁阀控制液压油的流动，进而驱动不同的离合器或者制动器匹配出不同的挡位。

图 3-24　行星齿轮（附彩插）

手自一体变速器有两个明显优势：一是不用离合器换挡，因此操作容易，既给开车人带来方便，也给坐车人带来舒适；二是可靠性高，因为传动部分是纯齿轮啮合，而换挡时不存在齿轮的分离啮合，只需要控制不同的离合器、制动器进行分离、结合，由于这些离合器都是湿式多片离合器，有变速器油润滑、散热，所以磨损非常小，还不容易产生高温。手自一体变速器缺点也多：一是对速度变化反应较慢，没有手动变速器灵敏；二是费油、不经济，传动效率低，变矩范围有限，近年引入电子控制技术部分改善了这方面的问题；三是机构复杂，修理困难，在液力变矩器内高速循环流动的液压油会产生高温，所以要用指定的耐高温液压油。另外，如果汽车因蓄电池缺电不能起动，不能用推车或拖车的方法起动。如果拖运故障车，要注意使驱动轮脱离地面，以保护自动变速器齿轮不受损害。

3. 无级变速器

无级变速器（Continuously Variable Transmission，CVT），由钢带、主动锥轮和从动锥轮组成。因为钢带可以停留在锥轮的任何一个位置，所以理论上来说，CVT 有无数个挡位。CVT 的优点是平顺性好，因为换挡时传动比是连续改变的，你根本感觉不到换挡，就像电动车一样。此外，CVT 变速比范围宽，在绝大多数情况下可以让发动机工作在较高热效率区间，油耗上有一定的优势。无级变速器结构如图 3-25 所示。

图 3-25　无级变速器结构

无级变速器工作原理如图 3-26 所示。汽车起步时，主动锥轮的工作半径较小，CVT 可以获得较大的传动比，从而保证驱动桥能够有足够的转矩来保证汽车有较高的加速度。随着车速的增加，主动锥轮的工作半径逐渐增大，从动锥轮的工作半径相应减小，CVT 的传动比下降，使汽车能够以更高的速度行驶。

因为钢带与锥轮之间是靠摩擦力传递动力的，想要提高摩擦力避免打滑，就需要锥轮对钢带施加很大的压力，传递的动力越多，压力就越大。此时，钢带内部的柔性环会

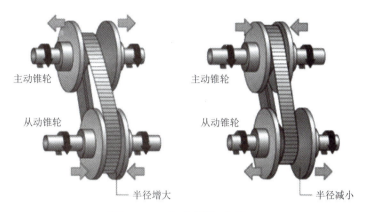

主动锥轮　　　　　　　　　主动锥轮

从动锥轮　　　　　　　　　从动锥轮

半径增大　　　　　　　　　半径减小

图 3-26　无级变速器工作原理

被拉伸，并且随钢带转动，柔性环本来就是薄钢片，频繁拉伸及转动时反复弯折容易使柔性环产生疲劳，一旦柔性环出问题，钢带就无法固定好，会立即出现打滑甚至断裂的故障。在低挡位时，钢带负荷最大，此时驾驶员不能加速过猛，否则容易导致钢带寿命变短，甚至损坏。

 任务评价

本任务评价如表 3-3 所示。

表 3-3　销售顾问变速器技术推介表现评分表

序号	评价项目	评价指标	分值	自评	互评	师评	合计
1	变速器技术推介	能够准确描述双离合变速器结构和原理	10				
		能够清晰描述双离合变速器的产品优势和客户利益	10				
		能够准确描述手自一体变速器结构和原理	10				
		能够清晰描述手自一体变速器的产品优势和客户利益	10				
		能够准确描述无级变速器结构和原理，以及它的产品优势和客户利益	10				
2	奋斗精神	具有自主学习的探究意识	10				
		具有勇于挑战的奋斗精神	10				

续表

序号	评价项目	评价指标	分值	自评	互评	师评	合计
3	职业素养	具有团队合作、信息搜集的能力	10				
		具有语言组织和表达能力	10				
		具有现场 5S 管理能力	10				
	合计		100				
	综合得分						

任务拓展

　　赵先生想要新购一辆车，请你以本品牌车辆变速器特征为重点，为他提供合理化的购车建议。

任务三 电动机技术推介

 **学习目标**

知识目标

（1）熟悉汽车用电动机的常见类型。

（2）掌握感应电动机的优缺点。

（3）掌握永磁同步电动机的优缺点。

能力目标

（1）能够对比感应电动机和永磁同步电动机的优劣。

（2）能够介绍不同类型电动机带给客户的利益。

素养目标

（1）养成创新驱动发展的创新意识。

（2）增强人与自然和谐共生的环保意识。

电动机技术
推介

 **学习内容**

任务导入

王先生打算购置一辆新能源汽车开展网约车业务，主要在市里行驶，请以本品牌任意车型为例向王先生推荐该车型的电动机技术。

任务实施

一、工作单

品牌名称_____

（1）请说明本品牌电动机技术的优势及客户利益。

本品优势_____

客户利益 _____

_____

（2）请以本品牌电动机对比感应电动机和永磁同步电动机的优缺点。

本品优势 _____

_____

客户利益 _____

_____

二、参考信息

1. 感应电动机

感应电动机又称异步电动机，是将转子置于旋转磁场中，在旋转磁场的作用下，获得一个转动力矩，因而转子转动的装置。转子是可转动的导体，通常呈鼠笼状。定子是电动机中不转动的部分，主要任务是产生一个旋转磁场。旋转磁场并不是用机械方法来实现的，而是将交流电通于数对电磁铁中，使其磁极性质循环改变，故相当于一个旋转的磁场。这种电动机并不像直流电动机有电刷或集电环，其依据所用交流电的种类分为单相电动机和三相电动机。特斯拉感应电动机如图 3-27 所示。

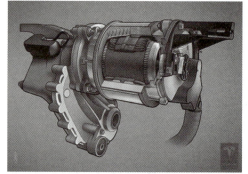

图 3-27　特斯拉感应电动机

感应电动机有以下的优点：结构紧凑、坚固耐用；运行可靠、维护方便；价格低廉，体积小、质量轻；环境适应性好；转矩脉动低，噪声小。交流感应电动机成本低，可靠性高，逆变器即便因损坏而产生短路，也不会产生反电动势，所以不会出现急刹车的可能性。因此，交流感应电动机广泛应用于大型高速的电动车中。三相笼型感应电动机的功率容量覆盖面很广，从零点几瓦到几千瓦。它可以采用空气冷却或液体冷却方式，冷却自由度高，对环境的适应性好，并且能够实现再生制动。与同样功率的直流电动机相比，效率较高、质量轻一半左右。特斯拉交流感应电动机如图 3-28 所示。

图 3-28   特斯拉交流感应电动机

感应电动机缺点也不少，如功率因数低，运行时必须吸收无功电流来建立磁场；控制复杂，易受电动机参数及负载变化的影响；转子不易散热；调速性能差，调速范围窄。

2. 永磁同步电动机

永磁同步电动机（Permanent Magnet Synchronous Motor，PMSM）主要由转子绕组、机壳、定子铁芯及旋变组件等组成。永磁同步电动机的定子结构与普通的交流感应电动机的结构非常相似，定子旋转磁场"拖着"转子磁场（转子）转动，故永磁同步电动机的转子速度一定和定子旋转磁场相同，所以叫同步电动机，反之，则叫异步电动机。永磁同步电动机在转子上放有高质量的永磁体磁极，定子线圈的磁场会因为断电而消失，但是转子却是磁性很强的永磁体，磁场不会消失，因此称为永磁同步电动机，如图 3-29 所示。

图 3-29   永磁同步电动机

永磁同步电动机是利用永磁体建立励磁磁场的同步电动机，其定子产生旋转磁场，转子用永磁材料制成。当定子通入三相交流电后，其产生不断变化的空间磁场，磁场与永磁体转子相互作用，产生与定子磁场旋向相同的电磁转矩，电动机开始旋转，并加速至与定子磁场同步。

永磁同步电动机有以下优点：功率因数大，效率高，功率密度大；结构简单，便于维护，使用寿命较长，可靠性高；调速性能好，精度高；具有良好的瞬时特性，转动惯量小，响应速度快；频率高，输出转矩大，极限转速和制动性能优于其他类型的电动机；采用电子功率器件作为换向装置，驱动灵活，可控性强；形状和尺寸灵活多样，便于进行外形设计；采用稀土永磁材料后，电动机体积小、质量轻。

永磁同步电动机也有以下缺点：造价较高；在恒功率模式下，操作较为复杂，控制系统成本较高；弱磁能力差，调速范围有限；功率范围较小，受永磁材料工艺的影响和限制，最大功率仅为几十千瓦；低速时额定电流较大，损耗大，效率较低；永磁材料受振动、高温和过载电流作用时，其导磁性能可能会下降或发生退磁现象，降低永磁同步电动机的性能，严重时还会损坏电动机，在使用中必须严格控制，使其不发生过载；永磁材料磁场不可变，要想增大电动机的功率，其体积会很大；抗腐蚀性差；不易装配。

任务评价

本任务评价如表3-4所示。

表3-4　销售顾问电动机技术推介表现评分表

序号	评价项目	评价指标	分值	自评	互评	师评	合计
1	电动机技术推介	能够准确描述感应电动机结构和原理	10				
		能够清晰描述感应电动机的产品优势和客户利益	10				
		能够准确描述永磁同步电动机的结构和原理	10				
		能够清晰描述永磁同步电动机的产品优势和客户利益	10				
2	奋斗精神	具有自主学习的探究意识	10				
		具有勇于挑战的奋斗精神	10				
3	职业素养	具有团队合作、信息搜集的能力	10				
		具有环保的主动意识	10				
		具有语言组织和表达能力	10				
		具有现场5S管理能力	10				
合计			100				
综合得分							

任务拓展

　　李先生想买一辆新能源汽车作为出行工具。李先生家距离工作单位较远，需要在绕城高速公路行驶很长一段距离，李先生特别注重车辆的驾驶感受。请以任意品牌、任意车型为例，向李先生推介本品的电动机技术。

模块四

底盘系统

模块简介

汽车底盘是汽车工程中的重要部分，它负责支撑车身，连接车辆的动力系统、悬挂系统、制动系统和行驶系统，对车辆的操控性和安全性都有重要影响。作为汽车从业人员，了解和掌握汽车底盘系统的相关结构和原理，能客观地对汽车的操控性、舒适性和安全性进行评判，掌握汽车底盘系统的先进技术，是必备的专业能力。

本模块主要介绍转向系统、四驱系统和悬架系统的常见技术和配置。通过本模块的学习，应能阐述底盘系统常见技术的特点和优势，以及给客户带来的利益。

任务一　转向系统技术推介

学习目标

知识目标

（1）知道转向系统的基本组成。

（2）描述随速助力转向系统的基本功能。

（3）理解动态转向系统的工作过程。

转向系统
技术推介

能力目标

（1）能够归纳车辆随速助力转向系统的产品优势。

（2）能够说明车辆动态转向系统带给客户的利益。

素养目标

（1）养成用发展变化的观点观察事物的意识。

（2）具有透过现象看本质的辩证思维。

学习内容

🌀 **任务导入**

张女士大学刚毕业，因为身材比较瘦小，在选购车辆时担心自己力量较小，无法正常操控方向，想咨询车辆转向系统是否有相应的助力装置，并了解装置的具体功能，请你为张女士介绍本品牌的转向系统技术。

🌀 **任务实施**

一、工作单

品牌名称＿＿＿＿＿＿＿＿＿＿＿＿＿＿＿＿＿＿＿＿＿＿＿＿＿

（1）请说明车辆转向系统的基本组成。

＿＿＿＿＿＿＿＿＿＿＿＿＿＿＿＿＿＿＿＿＿＿＿＿＿＿＿＿＿＿＿

＿＿＿＿＿＿＿＿＿＿＿＿＿＿＿＿＿＿＿＿＿＿＿＿＿＿＿＿＿＿＿

（2）请说明本品牌随速助力转向系统的优势及客户利益。

本品优势＿＿＿＿＿＿＿＿＿＿＿＿＿＿＿＿＿＿＿＿＿＿＿＿＿

＿＿＿＿＿＿＿＿＿＿＿＿＿＿＿＿＿＿＿＿＿＿＿＿＿＿＿＿＿＿＿

客户利益＿＿＿＿＿＿＿＿＿＿＿＿＿＿＿＿＿＿＿＿＿＿＿＿＿＿

＿＿＿＿＿＿＿＿＿＿＿＿＿＿＿＿＿＿＿＿＿＿＿＿＿＿＿＿＿＿＿

（3）请说明本品牌动态转向系统的优势及客户利益。

本品优势＿＿＿＿＿＿＿＿＿＿＿＿＿＿＿＿＿＿＿＿＿＿＿＿＿

＿＿＿＿＿＿＿＿＿＿＿＿＿＿＿＿＿＿＿＿＿＿＿＿＿＿＿＿＿＿＿

客户利益

二、参考信息

1. 随速助力转向系统

随速助力转向（Electronic Power Steering，EPS）系统也叫动力随速转向系统，是利用电动机产生的动力协助驾驶者进行动力转向的系统，其结构如图4-1所示。EPS系统可根据车速高低提供相应的转向辅助力，使车辆能够保持良好的转向操控性和安全性。转向辅助力随车速改变，从低速到高速逐渐减弱，带来低速的转向轻便和高速的转向稳定。从静止到高速行驶的过程中，转向辅助力的变化是线性连贯的，不会有突兀感。车辆在高速行驶时，转向辅助力小，使汽车操控更沉稳；车辆在多弯路段以中低速行驶时，转向辅助力适中，以提高车辆的转向精确度和灵敏性。

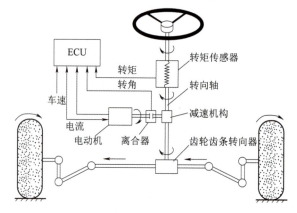

图4-1 随速助力转向系统的结构

除了以上基本功能外，EPS系统还具有以下功能。

（1）回正控制和阻尼控制。轮胎及悬架系统本身是能够提供一定的回正力让方向盘朝中位运动的。但一般来说，在低速情况下，系统阻力太大，车辆本身的回正力不足以克服所有的阻力使方向盘回到中位；在高速情况下，车辆本身的回正力又太大，撒手时容易出现摇头的现象。回正控制和阻尼控制要各司其职：低速行驶时，回正控制起作用，提供一个额外的力矩，帮助方向盘回到中位；高速行驶时，阻尼控制起作用，提供一个反向的力矩，防止方向盘摇头。

（2）路面干扰抑制。通过检测转向系统受到的路面干扰力矩，利用电动机适当抵消，减弱来自路面的干扰，缓解对方向盘的冲击。

（3）系统自保护。当 ECU 或电机温度过高、电压过大或过小、助力输出过载的情况下，系统会减小输出电流，防止损坏。

（4）跑偏补偿。针对因悬架及路面引起的车辆跑偏，EPS 系统提供一定的补偿力矩，协助驾驶员保持直线行驶。

2. 动态转向系统

动态转向系统解决了恒定转向传动比的折中问题，根据车速和方向盘的转角就可实现最佳转向传动比。无论是在驻车、在多弯道的乡间公路行车还是在高速公路上高速行车，动态转向系统都能提供最合适的转向传动比。此外，动态转向系统因其具有行驶动态稳定转向的能力，所以还可以对 EPS 提供支持。因此，这种新型智能转向系统不仅能增加行驶和转向舒适性，还能明显提高主动行车安全性。

动态转向系统可根据车辆的行驶速度智能改变转向传动比，确保更精确的转向响应和更直接的路面反馈。转向辅助力随车速改变，从低速到高速逐渐减弱，保证低速的转向轻便和高速的转向稳定。车辆在高速行驶时，动态转向系统采用间接转向传动，以增大方向盘的转动角度，使汽车操控更沉稳，并保持更好的直线行驶稳定性；车辆在多弯路段以中低速行驶时，动态转向系统使用较为直接的转向传动比，以减小方向盘的转动角度，提高车辆的转向精确度和灵敏性。与传感器、电子稳定系统（ESP）等相结合，在出现转向过度与转向不足时，动态转向系统可自动对转向的回正过程施加控制，在一定范围内自动修正前轮方向。

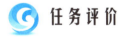 **任务评价**

本任务评价如表 4-1 所示。

表 4-1　销售顾问转向系统推介表现评分表

序号	评价项目	评价指标	分值	自评	互评	师评	合计
1	转向系统推介	能够准确说明随速助力转向系统的工作原理	10				
		能够准确说明随速助力转向系统的功能	10				
		能够准确说明动态转向系统的工作原理	10				
		能够清晰描述随速助力转向系统的产品优势及客户利益	10				
		能够清晰描述动态转向系统的产品优势及客户利益	10				

序号	评价项目	评价指标	分值	自评	互评	师评	合计
2	辩证思维	具有发展的眼光	10				
		具有持续学习的习惯	10				
3	职业素养	具有团队合作、信息共享的能力	10				
		具有语言组织和表达能力	10				
		具有现场 5S 管理能力	10				
		合计	100				
		综合得分					

任务拓展

　　李女士一直开的是带液压助力转向的车，感觉转向时比较费力，想换一辆转向既轻便又稳定的车。请以任意品牌、任意车型为例，向李女士推介本品的随速助力转向系统。

任务二　四驱系统推介

 学习目标

知识目标

（1）比较分时四驱、全时四驱和适时四驱的区别。

（2）说明分时四驱、全时四驱和适时四驱的优缺点。

（3）理解托森差速器和冠状齿轮差速器的工作原理。

四驱系统推介

能力目标

（1）能够概述分时四驱、全时四驱和适时四驱的产品优势。

（2）能够说明托森差速器带给客户的利益。

素养目标

（1）具有团队协作的合作意识。

（2）增强吃苦耐劳的劳动精神。

 学习内容

🌀 任务导入

　　王先生之前一直开前驱轿车，最近考虑换一辆四驱车，以提高冬季下雪时的行车安全性，但也要考虑燃油经济性。他想咨询车辆不同的四驱形式有什么区别，并根据自身需求选择适合的四驱形式，请你向王先生介绍四驱系统的优势。

🌀 任务实施

一、工作单

品牌名称

（1）请说明本品牌分时四驱的优势及客户利益。

本品优势

客户利益

（2）请说明本品牌全时四驱的优势及客户利益。

本品优势

客户利益

（3）请说明本品牌适时四驱的优势及客户利益。

本品优势

客户利益

（4）请说明托森差速器的优势及客户利益。

本品优势

客户利益

（5）请说明冠状齿轮差速器的优势及客户利益。

本品优势

客户利益

二、参考信息

四轮驱动简称四驱，根据前后动力分配方式不同，可以分为分时四驱、全时四驱和适时四驱三种形式。

1. 分时四驱

分时四驱是指驾驶员可以通过旋钮或操纵杆自主选择是使用四驱还是两驱，如图4-2所示。

图4-2 分时四驱操纵杆

分时四驱靠操作分动器实现两驱与四驱的切换。由于分动器内没有中央差速器，所以分时四驱的汽车不能在硬路面（铺装路面）上使用四驱，特别是在弯道上不能顺利转弯（这是因为没有中央差速器，无法调整前后轴的转速）。汽车转向时，前轮转弯半径比同侧的后轮要大，路程走得多，因此前轮的转速要比后轮快，以至四个车轮走的路线完全不一样，所以分时四驱只有在车轮打滑时才挂上四驱，一回到摩擦力大的硬路面应马上改回两驱，否则，轮胎、差速器、传动轴、分动器都会损坏。因此，驾驶分时四

驱车必须小心，不可以在硬路面（铺装路面）上使用，下雨天也不可以用，有冰或雪的路面则可以用，一旦离开冰雪路面，则应马上改回两驱。

2. 全时四驱

全时四驱（All Wheel Drive，AWD）是指车辆时刻都保持四驱状态。全时四驱系统内有三个差速器：除了前后轴各有一个差速器外，在前后驱动轴之间还有一个中央差速器，如图4-3所示。这使全时四驱避免了分时四驱的在硬路面不能用四驱的问题，汽车在转向时，前后轮的转速差会被中央差速器吸收。因此，全时四驱在硬路面（铺装路面）、下雨时有更可靠的四轮抓地力，比分时四驱优越。但到了冰雪、沼泽地就必须把中央差速器锁上，否则可能无法前进；回到不滑的硬路面（铺装路面），则立即要把中央差速器锁解开。

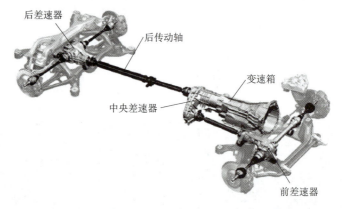

图4-3　全时四驱系统构造

有些全时四驱的中央差速器比较先进，当电控单元检测到某根驱动轴上的车轮失去附着力时，动力就会通过中央差速器传至另外一根驱动轴上，以保证车辆拥有良好的抓地力；能够以无级调节的方式向四只车轮分配各自所需的驱动力，从而保证车辆在各种道路条件下的行驶灵活性和运动性；带有自锁功能的中央差速器，以及非对称式动态转矩分配装置，能够实现范围更大、效率更高的动力分配，确保车辆即使只有一只车轮有抓地力也能行驶。

3. 适时四驱

适时四驱根据车辆的行驶路况，系统会自动切换为两驱或四驱模式，而不需要人为控制。因为适时四驱的驱动模式切换由车载计算机管理，所以操控简便，而且油耗相对较低。在使用场景方面，适时四驱更适合路况一般或较好的道路。面对突如其来的打滑、坑坑洼洼，适时四驱可以提高车辆的驾控性能；但面对中高强度的越野，适时四驱显得有些力不从心。因此，适时四驱主要应用于一些城市SUV或轿车上。

四驱系统前后轮都要分配动力，而且转弯时前后轮转速也不同，因此，需要用一个差速器先把动力分配给前后轴，这个差速器就是中央差速器。目前，比较常见的中央差速器有托森差速器和冠状齿轮差速器。

（1）托森差速器（Torsen differential）。其也称为托森式自锁差速器，结构如图4-4所示。它利用蜗轮蜗杆传动的不可逆性原理（运动只能从蜗杆传递到蜗轮，反之发生自锁）和齿面高摩擦条件，使托森差速器根据其内部的差动转矩（即差速器的内摩擦转矩）的大小自动锁死或松开，即当差速器内差动转矩较小时起差速作用，而当差速器内差动转矩过大时差速器将自动锁死，这样可以有效地提高汽车的通过能力。

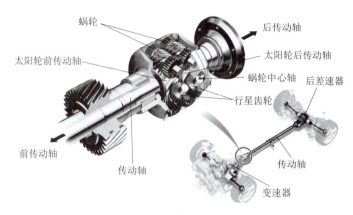

图4-4　托森差速器结构

（2）冠状齿轮差速器。冠状齿轮差速器主要由两组多片式离合器、两个冠状齿轮和四个行星齿轮组成，结构如图4-5所示。冠状齿轮的一侧与行星齿轮相啮合，另一侧与多片式离合器内片刚性连接，而多片式离合器外片与差速器壳体刚性连接。螺纹环则作用于多片式离合器支座，负责压住多片式离合器，并保持一定的接合力矩。

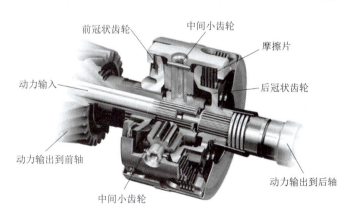

图4-5　冠状齿轮差速器结构

两个冠状齿轮分别与前后轴连接，动力输入轴将动力输入至差速器壳体内的四个行星齿轮轴，四个行星齿轮轴带动四个行星齿轮进行公转，四个行星齿轮通过啮合的方式带动两个冠状齿轮转动，进而将动力输送至前后轴。冠状齿轮的旋转同时会带动多片式离合器内片转动，内片通过摩擦带动外片转动，外片则带动整个差速器转动。

冠状齿轮差速器的最大特点就是在差速的同时可以实时分配转矩，并且完全依靠机械结构自主完成转矩的分配（前轴15%~70%，后轴30%~85%）。当后轴车轮附着力降低时，冠状齿轮差速器会将最多70%的转矩传递至前轴；当前轴车轮附着力降低时，冠状齿轮差速器会将最多85%的转矩传递至后轴。除此之外，冠状齿轮差速器还具有反应迅速、灵敏度高、可靠性强、质量轻的特点。

 任务评价

本任务评价如表4-2所示。

表4-2　销售顾问四驱系统推介表现评分表

序号	评价项目	评价指标	分值	自评	互评	师评	合计
1	四驱系统推介	能够准确说明分时四驱、全时四驱和适时四驱的结构特点	10				
		能够说明分时四驱、全时四驱和适时四驱的优缺点	10				
		能够掌握托森差速器和冠状齿轮差速器的工作原理	10				
		能够清晰描述分时四驱、全时四驱和适时四驱的产品优势及客户利益	10				
		能够清晰描述冠状齿轮差速器的产品优势及客户利益	10				
2	劳动精神	具有吃苦耐劳的意识	10				
		具有责任意识	10				
3	职业素养	具有团队合作、信息整合能力	10				
		具有语言组织和表达能力	10				
		具有现场5S管理能力	10				
合计			100				
综合得分							

任务拓展

丁先生的家在哈尔滨，平时开车主要用于上下班和接送孩子，经常在市区使用，想换一辆四驱车以保障冬季路面有雪或结冰时的行车安全，但也要兼顾经济性。请以任意品牌、任意车型为例，向丁先生推介本品的四驱系统。

任务三　悬架系统推介

学习目标

知识目标

（1）归纳麦弗逊式、双横臂式和多连杆式独立悬架的优缺点。

（2）了解连续减振控制系统和电磁减振系统的工作原理。

（3）说明不同驾驶模式的驾驶感受。

能力目标

（1）能够识别麦弗逊式、双横臂式和多连杆式独立悬架的结构。

（2）能够说明连续减振控制系统带给客户的利益。

素养目标

（1）形成独立思考、自主钻研的探究精神。

（2）具有承担责任、勇于挑战的奋斗精神。

悬架系统推介

张先生的太太刚怀孕，为了让太太每天上下班坐在车里能更加舒适，他想购买一辆减振系统更好的高档豪华车。减振系统都有哪些先进技术，请综合考虑其需求，推荐适合的车型。请你据此向张先生介绍。

任务实施

一、工作单

品牌名称 _____

（1）请介绍车辆独立悬架。

（2）请说明本品牌多连杆式独立悬架的优势及客户利益。

本品优势

客户利益

（3）请说明本品牌自适应空气悬架的优势及客户利益。

本品优势

客户利益

（4）请说明本品牌连续减振控制系统的优势及客户利益。

本品优势

客户利益

（5）请说明本品牌驾驶模式选项的优势及客户利益。

本品优势

客户利益

二、参考信息

1. 麦弗逊式独立悬架

麦弗逊式独立悬架如图 4-6 所示，其突出的特点是以筒式减振器为滑动立柱，减振器的上端通过带轴承的隔振块总成（可看作减振器的上铰链点）与车身相连，减振器的下端与转向节相连。下摆臂外侧与转向节铰接，内侧与车架铰接。车轮所受的侧向力通过转向节大部分由下摆臂承受，其余部分由减振器活塞和活塞杆承受。

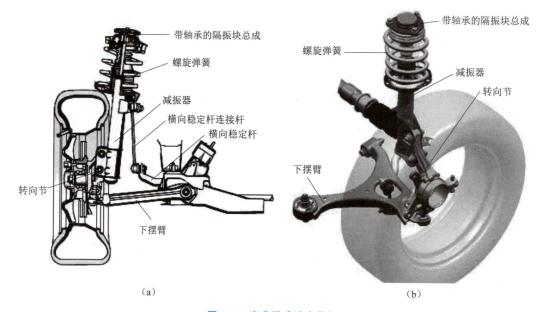

（a）

（b）

图 4-6　麦弗逊式独力悬架

（a）平面图；（b）立体图

麦弗逊式独力悬架的设计特点是结构简单，质量轻，占用空间小，响应速度和回弹速度快，减振能力较强，但其抗侧倾和制动点头能力弱，稳定性较差。目前，麦弗逊式独立悬架多用于轿车的前悬架。

2. 双横臂式独立悬架

双横臂式独立悬架结构可以理解为在麦弗逊式独立悬架基础上，多加一支上摆臂与车身相连，车轮的横向力和纵向力都由摆臂承受，减振机构只用于支撑车体和减振。

为了传递纵向力，上、下两个摆臂一般做成 A 字形或 V 字形，因此，这种悬架又称为双叉臂式或双 A 臂式独立悬架。悬架的上、下两个 V 形摆臂，一端安装在转向节上，另一端安装在车架上，如图 4-7 所示。

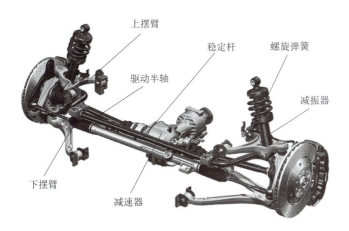

图 4-7　双横臂式独立悬架

上摆臂　稳定杆　螺旋弹簧　驱动半轴　减振器　下摆臂　减速器

双横臂式独立悬架上、下摆臂不等长（上短下长），使车轮在上、下运动时能自动改变外倾角，并且减小轮距变化和轮胎磨损，能自适应路面，轮胎接地面积大，贴地性好；同时，双横臂式独立悬架结构稳定性强，横向刚度也比较大，能够很好地兼顾运动性与舒适性。但由于双横臂式悬架比麦弗逊式悬架多了一个上摆臂，需要占用较大的空间，而且定位参数较难确定，因此，双横臂式独立悬架多应用在中高级轿车的后悬架。

3. 多连杆式独立悬架

多连杆式独立悬架是由 3~5 根连杆组合起来控制车轮的位置变化的悬架系统，其结构如图 4-8 所示。多连杆式独立悬架能使车轮绕着与汽车纵轴线成一定角度的轴线摆动，是横臂式和纵臂式的折中方案，适当地选择摆臂轴线与汽车纵轴线所成的夹角，可不同程度地获得横臂式与纵臂式独立悬架的优点，能满足不同的使用性能要求。多连杆式独立悬架的主要优点：车轮跳动时轮距和前束的变化很小，汽车无论是在驱动还是制动状态，都可以按司机的意图进行平稳的转向，有更为出色的行驶稳定性和乘坐舒适性。但其结构复杂，制造成本高，因此，多连杆式独立悬架一般用于高级轿车。

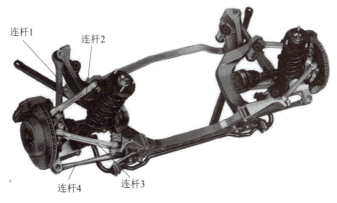

连杆1　连杆2　连杆4　连杆3

图 4-8　多连杆式独立悬架

4. 自适应空气悬架

自适应空气悬架是指采用空气减振器的悬架，如图4-9所示。其主要通过空气泵调整空气减振器的空气量和压力，进而改变空气减振器的硬度和弹性系数。通过调节泵入的空气量，可以调节空气减振器的行程和长度，进而实现底盘的升高或降低。

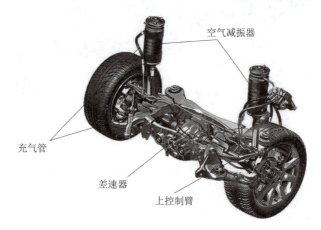

图4-9　自适应空气悬架

自适应空气悬架相对于传统的钢制悬架来说，具有很多优势，如车辆高速行驶时，悬架可以变硬，以提高车身稳定性；而低速或颠簸路面行驶时，悬架可以变软，以提高舒适性；还可以主动调节车身高度。目前，只有追求乘坐舒适性的豪华车或者追求通过性的SUV车型才配备或选配自适应空气悬架，如奥迪A8L、奔驰ML、特斯拉Model S等。

5. 连续减振控制系统

连续减振控制（Continuous Damping Control，CDC）系统，也可称为全时主动式液力减振稳定系统。CDC系统的核心部件包括中央控制单元、减振器调节装置、车身加速度传感器、车轮加速度传感器以及相关控制阀。

在各种驾驶条件下，减振器调节装置都能通过自动优化的方式对悬架进行微调，在遇到颠簸路面时，能够大大削弱来自路面的振动和弹簧的反弹，使车身保持稳定性；而在激烈驾驶时，又能够提高悬挂的阻尼，提供足够的支撑力，并使底盘响应更加迅速，提高车辆的操控性。使用CDC系统的车辆要比无该系统的车辆拥有更短的制动距离，且对侧倾、俯仰、横摆跳动的控制都能更加迅速、精确。

6. 电磁减振系统

电磁减振系统是利用电磁反应的一种新型减振系统，它可以针对路面情况，在1 ms时间内做出反应，抑制振动，保持车身稳定。电磁减振系统由车载控制系统、车轮位移传感器、电磁液压杆和直筒减振器组成。电磁减振器内采用的不是普通油，而是一种称为电磁液的特殊液体，它由碳氢化合物以及 $3 \sim 10\ \mu m$ 大小的磁性颗粒组成。一旦控制单元发出脉冲信号，线圈内便有电流通过，进而形成一个磁场，这些粒子马上会按垂直于活塞运动的方向排列（电磁液表现为黏度增加），阻碍电磁液在活塞微型通道内的流动，提高阻尼力，对外则表现为减振的硬度增加。

电磁减振系统工作原理如图4-10所示。车载传感器不断收集车辆的行驶状态和路况信息，并将其汇报控制计算机，控制计算机据此对电磁线圈中的电流进行调节，精确地控制减振器的阻尼，使减振器适应当前的路况和驾驶需求。当车辆在平整的直路上巡航时，电磁减振系统不会介入，让乘坐更舒适；当车辆高速过弯或在崎岖路面行驶时，电磁减振系统会在几乎可以忽略的极短时间内工作，使减振硬度提升，对车身的支撑也更有力。电磁减振系统可以对控制计算机的指令在不到 1 ms 的时间内做出反应，与普通减振器或者是 CDC 系统减振器相比，响应速度更快，对路面的适应性也更强。同时，电磁减振也能够抑制刹车时的点头现象，提高刹车性能，提升安全性。

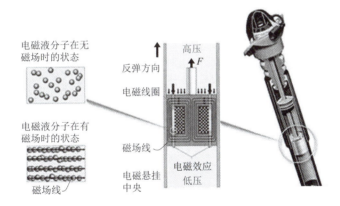

图4-10　电磁减振系统工作原理

7. 驾驶模式选项

驾驶模式选项指的是车辆可以根据实际使用情况，通过选择驾驶模式去影响车辆的动力输出状态。常见的驾驶模式有标准（舒适或普通）、运动、节能、越野等，不同车型，驾驶模式也会不同。当车辆切换到不同的驾驶模式时，行车计算机会通过改变发动机喷油嘴喷油量和变速器工作逻辑调整车辆的动力输出。

（1）标准模式。这是车辆的默认驾驶模式，在平时驾驶时，可以长时间使用。车辆按照普通状态进行工作，平时驾驶使用标准模式可以在经济性与动力性之间取得不错的平衡。在此模式下，车辆转向轻便，起停系统可以启用，悬架软硬适中，油门响应也比较灵敏，舒适又不失敏捷。

（2）运动模式。这种模式可以在超车时使用。车辆在起步阶段就拥有高转矩输出，而将升挡时间延后，则更增加了保持高转矩的时间。动力性增强后，车辆就拥有了更强

的推背感。

（3）节能模式。在城市拥堵的情况下，该模式有一定的节能效果，但是实际油耗会根据驾驶员的驾驶习惯有所不同。节能模式下，车辆转向轻便，起停系统可以启用，部分加热和通风设备工作强度会降低，有助于节省燃油；行车计算机会减少喷油量，控制变速器的换挡逻辑，限制部分动力输出。

（4）越野模式。这种模式可以在穿越崎岖地形和不良路段时使用。车辆转向轻便，牵引力实现最大化，通过能力增强，同时陡坡缓降控制系统功能启用。

 任务评价

本任务评价如表4-3所示。

表4-3　销售顾问悬架系统推介表现评分表

序号	评价项目	评价指标	分值	自评	互评	师评	合计
1	悬架系统推介	能够准确说明麦弗逊式、双横臂式、多连杆式独立悬架的结构特点	10				
		能够对比麦弗逊式、双横臂式、多连杆式独立悬架的优缺点	10				
		能够掌握自适应空气悬架的工作原理	10				
		能够清晰描述麦弗逊式、双横臂式、多连杆式独立悬架的产品优势及客户利益	10				
		能够清晰描述驾驶模式的产品优势及客户利益	10				
2	奋斗精神	具有自主学习的探究意识	10				
		具有勇于挑战的奋斗精神	10				
3	职业素养	具有分析问题、信息搜集的能力	10				
		具有语言组织和表达能力	10				
		具有现场5S管理能力	10				
	合计		100				
	综合得分						

任务拓展

　　张先生带太太到店里选车，张先生比较喜欢运动型轿车，而张太太更倾向舒适性，两人因为意见不同产生分歧。请以任意品牌、任意车型为例，向两位客户推介本品的驾驶模式选项。

模块五

安全系统

模块简介

汽车安全系统主要分为两方面，一方面是被动安全系统，另一方面是主动安全系统。所谓被动安全，就是在发生事故时，汽车对车内成员的保护或对对方车辆以及行人的保护；主动安全则是主动发挥作用避免事故的发生。了解及掌握车辆安全系统，在汽车销售推介时有助于提高客户的购车信心。

任务一　被动安全装置推介

学习目标

知识目标

（1）熟悉车辆被动安全装置构成。

（2）了解车辆被动安全发展。

（3）掌握车辆被动安全装置特征。

能力目标

（1）能够介绍车辆各被动安全装置优势。

（2）能够介绍车辆各被动安全装置带给客户的利益。

被动安全装置
推介

素养目标

（1）养成客户意识和安全意识。

（2）重视行人保护。

任务导入

张女士是一个 4 岁孩子的母亲，在选购车辆时非常重视车辆安全性，想咨询车辆被动安全装置都有哪些，并了解装置的具体功能，请你向张女士推介本品的安全系统。

任务实施

一、工作单

品牌名称 _____

（1）请介绍车辆被动安全装置。

_____

_____

_____

（2）请说明本品牌焊接技术的优势及客户利益。

本品优势 _____

_____

_____

客户利益 _____

_____

_____

（3）请说明本品牌安全转向柱的优势及客户利益。

本品优势 _____

_____

_____

客户利益 _____

_____

_____

（4）请说明本品牌安全带的优势及客户利益。

本品优势 _____

_____

_____

客户利益 _____

_____

_____

（5）请说明本品牌安全气囊的优势及客户利益。

本品优势 _____

_____

_____

客户利益 _____

_____

_____

（6）请说明本品牌安全头枕的优势及客户利益。

本品优势 _____

_____

客户利益 _____

_____

（7）请说明本品牌蓄电池切断装置的优势及客户利益。

本品优势 _____

_____

客户利益 _____

_____

_____

（8）请说明本品牌行人保护装置的优势及客户利益。

本品优势 _____

_____

_____

客户利益 _____

_____

二、参考信息

1. 焊接技术

焊接技术作为车身上各种材料的连接技术，影响车身的刚度与强度，进而影响整车的安全性。车身除传统的电阻点焊外，中高端车型还采用激光钎焊。它能够提升车身焊接强度和焊接表面的光滑度，不仅不会影响车身表面的美观，还能进一步增强车辆的整体安全性能。激光焊接是利用高能量密度的激光束作为热源的一种高效精密焊接方法。利用激光的高温，将两块钢板内的分子结构打乱，分子重新排列使两块钢板中的分子融为一体。由于连续的激光焊接不需要像传统点焊工艺那样需要使用板材边缘堆叠焊接，因此常被汽车厂家用于车顶与车身之间、侧围和行李箱盖的焊接，具有美观、隔音和密封性好的优点。

2. 安全转向柱

安全转向柱也称可溃缩式转向柱。普通转向柱结构为一根硬杆，而安全转向柱具有碰撞吸能机构，一旦发生强烈碰撞，车体形变挤压驾驶员空间，安全转向柱通过泄力装置可以减轻碰撞冲击，防止转向主轴伤及驾驶人，如图 5-1 所示。

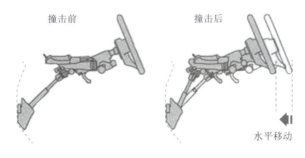

撞击前　　撞击后　　水平移动

图 5-1　安全转向柱

安全转向柱主要有以下三种类型。

（1）波纹管式安全转向柱。撞车时，依靠波纹管被压缩而吸收撞击能量，同时减小安全转向柱和方向盘朝驾驶人侧的移动量，起到较好的保护效果。

（2）网格状安全转向柱。利用网格状管柱削弱局部强度，撞车时，此处被压缩并能吸收冲击能量，使安全转向柱和方向盘后移量较小，从而对驾驶人起到缓冲保护作用。

（3）双层管式安全转向柱。撞车时，利用内管和外管产生的相对运动，依靠装配时在两者之间具有较大过盈量的钢球，在相对运动中产生较大的摩擦力，有效吸收撞击能量，起到缓冲保护作用。

3. 安全带

安全带是当乘客和驾驶员在车身受到猛烈撞击时，防止人员在惯性作用下发生冲击，或被安全气囊弹出造成伤害的装置。其工作原理为：当发生碰撞或紧急制动时，车上人员由于惯性作用向前冲击，此时安全带装置中的卡轮会由于安全带滚轮的快速转动而被离心力带出，迅速将安全带锁死，将座位上的人员固定在椅子上；待冲击峰值过去，或者人已经被安全气囊保护时，安全带就会放松，以免压伤人的肋骨，从而达到保证驾乘人员安全的目的。

预紧式安全带是在普通安全带装置的基础上加装一个预紧装器，当汽车发生碰撞时，预紧装器就能感知外部的冲击力，通过气体发生器等向各个部件发出信号，使安全带瞬间被拉紧。中高档车辆的主动预紧式安全带在车上人员扣紧安全带后，根据车上人员的形态和穿衣膨胀度进行预收紧，之后再放松，使车上人员在安全的情况下舒适乘驾。其工作过程为：传感器收集撞车信息，然后释放电脉冲，该脉冲传递到气体发生器引爆气体，爆炸产生的气体在管道内迅速膨胀压向球链，使球在管内迅速前移带动棘爪盘转动，从而带动安全带缠绕轴转动，最终实现安全带的预收紧功能。

4. 安全气囊

安全气囊（Airbag，或称 Supplementary Restraint System，SRS）指安装在汽车上的充气软囊，当车辆发生事故时瞬间弹出，避免乘坐人员头部和身体直接撞击到车辆内部，降低人员伤害程度。安全气囊已被多数国家规定为必备的车辆被动安全装置之一。

安全气囊的工作过程类似炸弹爆炸的原理，气囊的气体发生器内装有叠氮化钠（NaN_3）或者硝酸铵（NH_4NO_3）等"炸药"，当接收到引爆信号时，便会瞬间产生大量的气体，填满整个气囊，如图 5-2 所示。为了避免碰撞不严重，但恰好达到气囊弹出条件时，气囊对人体的巨大伤害，发明了二级气体发生器的安全气囊，这种气囊在一定程度上改善了气囊的保护

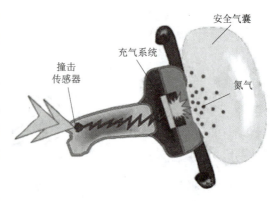

图 5-2　安全气囊的工作过程

效果。

（1）主/副驾驶座安全气囊。这种安全气囊属于保护前排乘客的被动安全配置，常被放置在方向盘中央和副驾驶手套箱上方，如图5-3所示。

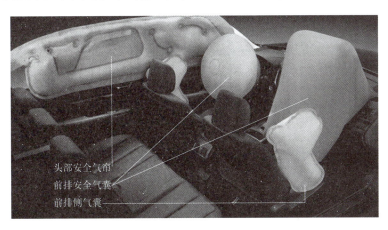

图5-3　主/副驾驶座安全气囊

（2）侧气囊。侧气囊安装在座椅外侧，目的是减缓侧面撞击造成的伤害，尤其是发生侧向撞击时，能减缓乘客身体靠近车门侧的手臂、肋骨直接与门板硬接触后导致的骨折等身体损伤。侧气囊一般分为前排侧气囊和后排侧气囊。前排侧气囊（Front Side Airbag，FSA）一般安装在前排座椅外侧，如图5-4所示；后排侧气囊（Rear Side Airbag，RSA）一般安装在后排座椅靠近窗户的一侧，后排侧气囊常见于中高端车型。

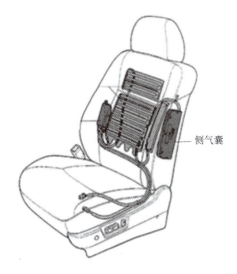

图5-4　前排侧气囊安装位置示意图

（3）膝部气囊。膝部气囊（Knee Airbag，KAB）是用来降低乘员在二次碰撞中车内饰对乘员膝部的伤害。膝部气囊位于前排中控台下方，打开时能够有效保护乘员的下肢体部位，缓解来自正面碰撞的前冲力，如图5-5所示。

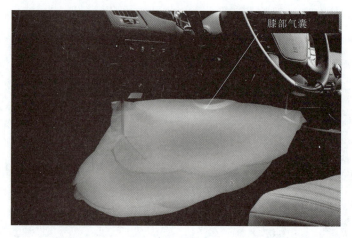

膝部气囊

图 5-5　膝部气囊

5. 安全头枕

安全头枕也称为主动头枕，它是一种纯机械系统。安全头枕上方的衬垫支撑，是由一条连杆连接至座椅靠背内的压力板。当车辆遭后方追撞时，乘客的身体因撞击力的作用撞向靠背，将压力板往后推，促使头枕往上往前推动，如图5-6所示，以便在头颈猛烈晃动前托住乘客的头颈，防止或降低受伤的可能。主动式安全头枕在动作完成后，会自动回到原来位置，以备下次使用，无须进行维修。

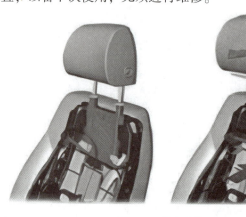

图 5-6　安全头枕

6. 蓄电池切断装置

车辆发生碰撞时，蓄电池切断装置会自动切断发电机与蓄电池之间的连接线，这样可以避免线路发生短路，从而防止车辆起火。该装置通过安全气囊系统进行控制，根据事故的严重程度，决定是否触发该装置。当该装置触发后，车辆中用于中控锁、车内灯光及呼救系统的电源依然保留，为驾驶员逃生提供最大保障，如图5-7所示。

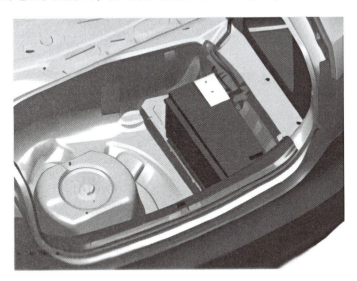

图 5-7　蓄电池切断装置

7. 行人保护装置

车辆与行人发生碰撞时，行人保护装置通过被动安全技术、吸能材料、设置缓冲区等，尽可能降低因碰撞对行人造成的伤害。

（1）防护引擎盖。当前保险杠的压力传感器检测到与行人发生碰撞时，防护引擎盖在短时间内利用专门的升高机构将发动机舱盖抬起一定高度，使行人的头部或躯干与发动机舱盖发生撞击时，能够获得更多的缓冲空间，避免与刚性较强的发动机机体发生猛烈的碰撞，如图5-8所示。

图 5-8　防护引擎盖

（2）车外行人安全气囊。当前保险杠的压力传感器检测到与行人发生碰撞时，发动机舱盖尾部会自动抬起一定高度，同时隐藏在内部的安全气囊释放出来，包裹住可能造成较大伤害的部分——前挡风玻璃和 A 柱，达到防护引擎盖与安全气囊协作防护的效果，如图 5-9 所示。

图 5-9　车外行人安全气囊

任务评价

本任务评价如表 5-1 所示。

表 5-1　销售顾问被动安全装置推介表现评分表

序号	评价项目	评价指标	分值	自评	互评	师评	合计
1	被动安全装置推介	熟练掌握汽车被动安全装置的组成	20				
		能够介绍本品牌被动安全装置的优势	20				
		能够介绍本品牌被动安全装置的客户利益	20				
		能够站在客户的角度，向客户推介增强客户购买信心的被动安全装置	20				
2	素养目标	能够在推介过程中传递驾驶安全第一的意识	20				
	合计		100				
	综合得分						

任务拓展

被动安全装置可以在车辆发生碰撞时起到保护人员安全的作用，请根据本品牌的特点，总结本品牌被动安全装置推介话术。

任务二　主动安全装置推介

学习目标

知识目标

（1）熟悉车辆主动安全装置构成。

（2）了解车辆主动安全发展。

（3）掌握车辆主动安全装置特征。

主动安全装置
推介

能力目标

（1）能够介绍车辆各主动安全装置优势。

（2）能够介绍车辆各主动安全装置带给客户的利益。

素养目标

（1）养成客户意识和安全意识。

（2）重视保护优先。

任务导入

　　张女士是个4岁孩子的母亲，在选购车辆时非常重视车辆安全性，想咨询车辆主动安全装置都有哪些，并了解装置的具体功能。

任务实施

一、工作单

品牌名称＿＿＿＿＿＿＿＿＿＿＿＿＿＿＿＿＿＿＿＿＿＿＿＿＿＿＿＿＿＿＿＿＿

（1）请介绍车辆主动安全装置。

（2）请说明本品牌定速巡航系统的优势及客户利益。

本品优势

客户利益

（3）请说明本品牌自适应巡航系统的优势及客户利益。

本品优势

客户利益

（4）请说明本品牌预防式整体安全系统的优势及客户利益。

本品优势

客户利益

（5）请说明本品牌夜视系统的优势及客户利益。

本品优势

客户利益

（6）请说明本品牌后方通过辅助系统的优势及客户利益。

本品优势

客户利益

（7）请说明本品牌变道辅助系统的优势及客户利益。

本品优势

客户利益

（8）请说明本品牌车道保持系统的优势及客户利益。

本品优势

客户利益

（9）请说明本品牌电子车身稳定系统的优势及客户利益。

本品优势

客户利益

（10）请说明本品牌保持辅助系统的优势及客户利益。

本品优势

客户利益

（11）请说明本品牌陡坡缓解系统的优势及客户利益。

本品优势

客户利益

（12）请说明本品牌上坡辅助系统的优势及客户利益。

本品优势

客户利益

（13）请说明本品牌自动泊车系统的优势及客户利益。

本品优势

客户利益

（14）请说明本品牌安全下车辅助系统的优势及客户利益。

本品优势

客户利益

(15) 请说明本品牌胎压监测系统的优势及客户利益。
本品优势

客户利益

二、参考信息

1. 定速巡航系统

定速巡航系统（Cruise Control System，CCS）是安装在汽车中能够自动控制车辆行驶速度的装置。驾驶员启动定速巡航功能后不需要再踩油门，车辆即可按照设定的速度前进。当需要减速时，踩下刹车踏板即可自动解除，开关按键标识如图 5-10 所示。

图 5-10　定速巡航系统开关按键标识

定速巡航系统的原理是巡航控制组件读取车速传感器发来的脉冲信号，并与设定的速度进行比较，从而发出指令由伺服器机械调整节气门开度的大小，以使车辆始终保持所设定的速度。电子式多功能定速巡航系统摒除了拉线式定速巡航系统的机械控制部分，完全采用精准的电子控制，使控制更精确，避免了机械故障的风险。

2. 自适应巡航系统

自适应巡航系统（Adaptive Cruise Control，ACC）是一种智能化的自动控制系统，在定速巡航控制技术的基础上发展而来。该系统除了使车辆按照驾驶员所设定速度行驶外，还可以实现保持预设跟车距离以及随着车距变化自动加速与减速的功能。

自适应巡航系统由传感器、数字信号处理器以及控制模块三大部分组成。目前市场上常见的传感器有雷达传感器、红外光束传感器以及视频摄像头传感器等。数字信号处理器负责将传感器接收到的信息进行数字处理，最后由控制模块进行控制。当自适应巡航系统判断需要减速时，最终由 ABS（防抱死制动系统）对车轮实施制动或者采用变速器降挡的方法，将车速降低。自适应巡航传感器常见的安装位置有车标后、保险杠两侧和下方以及车内后视镜背后。造成这些差异的原因主要是各种传感器工作原理不同，当然其中也包含部分成本因素。

3. 预防式整体安全系统

当危险正在逼近时，预防式整体安全系统将开始起作用，要立刻为车内人员针对可能发生的碰撞做好准备。这个系统使轿车安全性开始了一个全新的纪元，第一次在主动和被动安全之间搭起了一座桥梁。它使汽车具有条件反射：就像一只动物面对突然出现的危险时会有寻找预防保护的本能反应那样，预防式整体安全系统能够预见性地激活汽车的保护措施。

该系统对 ESP（电子稳定控制系统）传感器提供的信息进行分析，当传感器提供全力制动或车辆打滑的信号时，控制单元开始介入、干预。根据实际情况，系统会自动开启危险警告灯，并开始关闭侧窗和天窗，同时束紧前排座椅的安全带。束紧安全带的过程由小型电动机完成，这一过程是可逆的，如果没有发生意外，安全带将被重新放松。当监测到汽车前方可能发生追尾碰撞的交通状况，或者后方有被追尾的风险时，该系统会为驾乘人员提供不同级别的辅助和安全防护。

4. 夜视系统

夜视系统（Night Vision Device，NVD）在夜间可以将车灯照射范围以外的潜在危险情况显示在挡风玻璃上，从而开阔驾驶员的视野，避免交通事故的发生。

夜视系统能帮助驾驶员在夜间或弱光线的驾驶过程中获得更高的预见能力，针对潜在危险向驾驶员提供更加全面准确的信息并发出警告，开关按键标识如图 5-11 所示。其主要的技术形式有三种：主动式红外照射技术、微光夜视技术和红外热成像技术。其中主动式红外照射技术最为常见，该技术不依赖热源，而是通过设备向外发射红外光

束，照射目标，并将识别后的数据以图像的形式传递给驾驶员。

图 5-11　夜视系统开关按键标识

5. 后方通过辅助系统

后方通过辅助系统是以图像、声音的直观形式告知驾驶员车与障碍物的相对位置，解除后视镜盲区带来的困扰，从而为驾驶员倒车、泊车提供方便，消除安全隐患。后方通过辅助系统分为红外线式、电磁感应式和激光式三类。

（1）红外线式。基于红外线式探测器的后方通过辅助系统最早出现在 20 世纪 80 年代，具有电路结构简单、成本低、工作稳定的优点。红外线式探测器主要包括红外线发射装置和接收装置，红外线信号由安装在汽车尾部的发射装置发出，遇到障碍物发生反射，被同样在汽车尾部的接收装置接收，从而判断车后有障碍物。红外线式探测器的最大缺陷是红外线信号容易被扰乱，如果遇到某些易吸收红外线的障碍物，它的功能将会大打折扣。此外，如果红外线发射装置上覆盖了一层灰尘等物体，它将会完全失灵。

（2）电磁感应式。电磁感应式探测器相比于红外线式探测器稳定性更好，灵敏度更高。它主要是用贴在后保险杠内侧的线圈来感应车后障碍物的情况。将车后障碍物和线圈之间视为气隙，当汽车后退时，气隙厚度就会发生变化，自感也随之发生改变，随后通过测量电路将其转化为电信号，系统便能检测到障碍物的存在。电磁感应式探测器隐蔽性好，且便于安装，因而吸引了相当一部分车主。但是这种探测器只能探测动态的障碍物，当汽车与障碍物不发生相对运动时，气隙厚度不再发生变化，障碍物便无法被检测到。

（3）激光式。激光式探测器很好地弥补了之前几类探测器的缺陷，它可以解决无法检测静态障碍物、信号易被扰乱、容易对由特殊材料制成或有特殊形状的障碍物产生误判等问题。同时，驾驶员可以根据自己身体情况的不同来调整激光角度，使该系统更加具有普适性，有效地降低了驾驶员对车型不熟、身高视力不同等原因引起误判的概率。此外，该系统反馈的信息较为直观，驾驶员较易处理，且成本较低，因此较受欢迎。其工作原理如下：该系统是基于驾驶员、障碍物、遮挡物三者间的三角函数关系进行工作的，在驾驶员泊车时，随着车身与障碍物之间的距离逐渐缩小，激光管照射在障碍物上的激光面逐渐向下移，与此同时，驾驶员望向障碍物的俯角越来越大，此时驾驶员可以看见激光。而当驾驶员无法看见激光时，说明障碍物与车的距离已经过近，此时应停车。

6. 变道辅助系统

变道辅助系统作为车辆行驶中的变道助手，能够有效避免由驾驶员视野盲区造成的危险，如果在变道过程中遇到危险，系统通过安装在汽车上的感应器侦测车身周遭的物体，并发出警告，警告方式包含视觉、听觉、振动或体感。该系统能够通过集成在车辆后保险杠中的雷达传感器监控驾驶员盲区的交通状况。

车辆超过一定时速时，系统的雷达传感器将能够持续对其侧面和后方区域进行监控，当然，驾驶员也可能通过自己一侧 A 柱上的控制键关闭该系统。

如果在盲区内有车辆或有车辆正从后面快速接近，则位于车外后视镜内侧的 LED 警示灯将以常亮的方式提醒驾驶员，如图 5-12 所示。警示灯亮度可以在信息娱乐多媒体交互系统中进行调节。

图 5-12　变道辅助系统警示灯

在警示灯点亮时，驾驶员如果开启了相应一侧的转向灯并准备进行变道操作，那么 LED 警示灯将以闪亮的方式警告驾驶员及时避让后方车辆，有效避免事故的发生。

该系统只是一项辅助提醒装置，不会主动干涉车辆的控制。

7. 车道保持辅助系统

车道保持辅助系统（Lane Keep Assis System，LKAS）用于帮助驾驶员使车辆一直保

持所在车道上行驶，不偏离车道。

车道保持辅助系统由摄像头监测车道并形成清晰的图像，如图5-13所示。计算机通过一定算法判断车辆是否在规定车道内。如果车辆在没有开启转向灯的情况下，偏离（左右偏离）所在车道，系统首先会发出警示音提示。如果驾驶员没有及时纠正方向盘，车道保持辅助系统将通过电子转向系统（Electric Power Steering，EPS）在方向盘上施加力矩，使车辆回到正确的车道上。在这个过程中，如果驾驶员打转向灯或者大角度转动方向盘，则系统默认车辆由驾驶员接管而停止干预。

图5-13　车道保持辅助系统

8. 电子车身稳定系统

电子车身稳定系统（Electronic Stability Program，ESP）集合了ABS、EBD（电子制动力分配系统）、TCS（牵引力控制系统）等几个安全系统的功能，能够对车辆纵向和横向稳定性进行控制，保证车辆按照驾驶员的意识行驶。当车辆出现转向过度或不足、侧滑、甩尾、车身摆动时，通过控制四轮的状态，自动修正车辆行驶轨迹，以保持车辆稳定，有效地防止车辆达到其动态极限时失控，提升车辆的安全性和操控性。ESP的构成如图5-14所示。

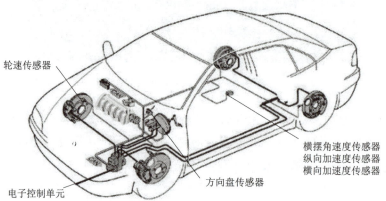

轮速传感器

横摆角速度传感器
纵向加速度传感器
横向加速度传感器

电子控制单元　　　　　　　方向盘传感器

图5-14　ESP的构成

（1）电子制动力分配系统。电子制动力分配系统（Electronic Brake force Distribution，EBD）是 ABS 的有效补充，在 ABS 的控制计算机里增加一个控制软件，硬件则与 ABS 完全一致。EBD 可以提高 ABS 的功效。当发生紧急制动时，EBD 在 ABS 作用前，可依据车身的质量和路面条件，自动以前轮为基准去比较后轮的滑动率，如果发现此时的差异程度必须要调整，制动油压调节系统将会调整后轮油压，使其得到更平衡且更接近理想化的制动力分布。

（2）牵引力控制系统。牵引力控制系统（Traction Control System，TCS）也称为驱动防滑系统（Acceleration Slip Regulation，ASR）或驱动力控制系统，作用是通过调节驱动轮的驱动力使车辆在各种行驶状况下都能获得最佳的牵引力，防止汽车在起步、加速过程中驱动轮打滑。TCS 能防止车辆在湿滑路面上行驶时驱动轮空转，使车辆能平稳地起步、加速。尤其在雪地或泥泞的路面，TCS 能保证流畅的加速性能，防止车辆因驱动轮打滑而发生横移或甩尾，如图 5-15 所示。

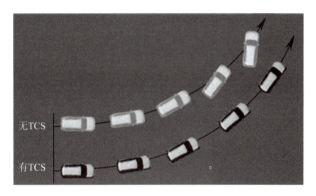

图 5-15　有/无 TCS 车辆转弯时车身形态示意图

9. 保持辅助系统

保持辅助系统的功能可以在上下坡或频繁起步停车时提供适当的制动力，驾驶员抬起刹车踏板后仍能提供适当的驻车制动力。比如在停车等红绿灯时，可以避免频繁操作手刹或电子手刹；自动挡车型也不用频繁地切换挡位，提供便利性的同时，避免了"溜车"风险。

保持辅助系统是 ESP 的一种扩展功能，由 ESP 控制，开关按键标识如图 5-16 所示。当车辆临时驻车，并且很短一段时间后需要重新起动，这种情况的驻车就由 ESP 控制的刹车来完成，计算机会通过一系列传感器来测量车身的水平度和车轮的转矩，对车辆溜动趋势做一个判定，并对车轮实施一个适当的刹车力度，使车辆静止。这个刹车力度刚好可以阻止车辆移动，且不会太大，以便再次踩油门前行时，不会有太严重的前窜动作。

当临时驻车超过一定时限后，刹车系统会转为后轮机械驻车（打开电子手刹），代替之前的四轮液压制动。当车辆欲前行时，电子系统会检测油门的踩踏力度，以及手动挡车型的离合器踏板的行程，进而判定刹车是否解除。

10. 陡坡缓降系统

陡坡缓降系统（Hill Descent Control，HDC）也被称为斜坡控制系统，这是一套用于下坡行驶的自动控制系统。在系统启动后，驾驶员无须踩制动踏板，车辆会自动以低速行驶，并且能够逐个对超过系统计算的安全转速的车轮施加制动力，从而保证车辆平稳下坡，开关按键标识如图 5-17 所示。

图 5-16　自动驻车系统开关按键标识

图 5-17　陡坡缓降系统开关按键标识

11. 上坡辅助系统

上坡辅助系统（Hill-start Assist Control，HAC）可以让车辆在不用手刹的情况下在坡路上起步而不会溜车，驾驶员右脚离开制动踏板，车辆仍能继续保持制动几秒，避免了还要用驻车制动器辅助坡起而让驾驶员感到手忙脚乱的情况。它与自动驻车功能的区别是，自动驻车功能不踩下油门踏板，车辆不会继续前进，而上坡辅助功能即使不踩下油门踏板，车辆也可缓慢上坡。

12. 自动泊车系统

自动泊车系统是一种可以帮助驾驶员停车入位的功能，利用车身周围的超声波传感器或者摄像头，识别合适的停车位，驾驶员确认车位后，只需按照提示切换挡位，系统就能将车停入车位，如图5-18所示。部分高端车型除了可以自动将车辆停入车位，还可以实现自动驶离车位，进一步提高便利性。

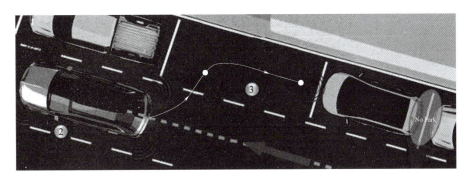

图 5-18　自动泊车系统

13. 安全下车辅助系统

该系统利用现有的盲点雷达传感器，当检测到后方有车驶来时，可让后门保持锁定。驾驶员可按下主锁和电动车窗控件旁边的按钮，激活安全下车辅助系统，同时也会激活隐藏在后保险杠中的雷达传感器，并在检测到汽车侧翼有汽车移动时，锁定后车门。在此情况下，仪表盘上会通知驾驶员，乘客此时下车有安全隐患。如果驾驶员判定没有问题，可以通过再次按下激活按钮打开后车门锁。

14. 胎压监测系统

汽车行驶过程中自动监测轮胎胎压，并进行报警，以确保行车安全。

汽车胎压警示灯亮，如图5-19所示，通常有以下四种可能。

（1）轮胎被扎。应尽快送修，如漏气较慢，可缓慢行驶至维修点。

（2）胎压过高。此时在胎压表监测的情况下，进行放气处理。

（3）胎压过低。如久未加气导致胎压过低，及时补充即可。若已引起缺气轮胎温度升高过多，应及时停车休息或更换备胎。

图 5-19　轮胎胎压报警图标

（4）胎压传感器故障。确保胎压正常的情况下，长按 SET 键（图 5-20）3 s 左右重新检测，直至警示灯熄灭，并起动车辆正常行驶一段距离，使胎压警报复位。前往维修店，使用检测仪检测，排查故障，对故障码进行清除。

图 5-20　胎压监测设置按键

任务评价

本任务评价如表 5-2 所示。

表 5-2　销售顾问主动安全装置推介表现评分表

序号	评价项目	评价指标	分值	自评	互评	师评	合计
1	汽车主动安全装置推介	熟练掌握汽车主动安全装置的组成	20				
		能够介绍本品牌主动安全装置的优势	20				
		能够介绍本品牌主动安全装置的客户利益	20				
		能够站在客户的角度，向客户推介增强客户购买信心的主动安全装置	20				
2	素养目标	能够在推介过程中传递驾驶安全第一的意识	20				
合计			100				
综合得分							

任务拓展

　　李先生想买一辆家庭用车作为一家三口的出行工具。李先生家有一个 5 岁男孩，平时较为调皮多动，在购车方面，李先生特别注重车辆的安全性。请以任意品牌、任意车型为例，向李先生推介本品的主动安全装置。

模块六

车辆配置

模块简介

全世界的汽车品牌数以万计，各个品牌旗下的车型众多。每款车都有各自的特点，都有各自的优劣势。随着现代汽车工业科技的发展，越来越多的高科技产品成了车内的配置。这些出现在汽车里的配置，为车主提供了越来越多的人性化服务。作为汽车从业人员，了解汽车上各种配置的作用，掌握汽车的评判指标，是基本的职业素质。作为汽车爱好者，掌握汽车各配置功能和性能特点，可以为身边人选购车辆提供专业的建议。

任务一　信息娱乐系统推介

学习目标

知识目标

（1）了解多媒体交互系统的发展历程。

（2）掌握语音交互系统的基本功能。

（3）列举平视显示系统的类型。

能力目标

（1）能够概述多媒体交互系统的产品优势。

信息娱乐
系统推介

146

（2）能够说明语音交互系统带给客户的利益。

素养目标

（1）养成良好的沟通能力。

（2）树立文化自强的自信心。

任务导入

刘女士刚考取驾驶证，作为一位新手司机，她担心开车过程中手动操作中控功能开关会影响行车安全，因此想购买一辆语音交互系统功能强大的车，请你向刘女士推介本品语音交互系统的具体功能。

任务实施

一、工作单

品牌名称＿＿＿＿＿＿＿＿＿＿＿＿＿＿＿＿＿＿＿＿＿＿＿＿＿＿＿＿＿＿

（1）请说明本品牌多媒体交互系统的优势及客户利益。

本品优势＿＿＿＿＿＿＿＿＿＿＿＿＿＿＿＿＿＿＿＿＿＿＿＿＿＿＿＿

客户利益＿＿＿＿＿＿＿＿＿＿＿＿＿＿＿＿＿＿＿＿＿＿＿＿＿＿＿＿

（2）请说明本品牌驾驶员信息系统的优势及客户利益。

本品优势＿＿＿＿＿＿＿＿＿＿＿＿＿＿＿＿＿＿＿＿＿＿＿＿＿＿＿＿

客户利益＿＿＿＿＿＿＿＿＿＿＿＿＿＿＿＿＿＿＿＿＿＿＿＿＿＿＿＿

（3）请说明本品牌平视显示系统的优势及客户利益。

本品优势

客户利益

（4）请说明本品牌语音交互系统的优势及客户利益。

本品优势

客户利益

（5）请说明本品牌后排娱乐系统的优势及客户利益。

本品优势

客户利益

二、参考信息

1. 多媒体交互系统

最初的多媒体交互系统只有 CD 机、电台，后来可以通过 USB 接入优盘播放音乐、通过蓝牙接听电话，再后来可以通过手机镜像，在车端直接使用手机里的一些 APP，如 Apple Carplay、Android Auto、Baidu Carlife 等。现在可以通过独立的调制解调器或者手机发送的热点 Wi-Fi 接入互联网，进行车辆数据监控、实时导航、网页浏览，以及直接使用车载 APP，并且可以通过手机 APP 对车辆进行远程监控和操作。在这个发展过程中，屏幕尺寸也在逐渐变大，如图 6-1 所示。

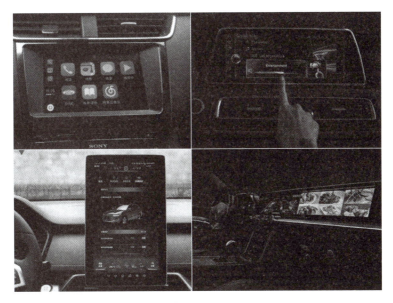

图 6-1　不同时期的多媒体交互系统

多媒体交互系统和车载 APP 可提供以下功能。

（1）网络连接（车和手机之间双向的功能都有）。

（2）语音识别和控制。

（3）音乐和电台等在线内容及天气信息。

（4）导航（在线实时路况）。

（5）电子用户手册（带搜索功能）。

（6）社交平台入口。

（7）车辆体检（维修和保养提醒与预约）。

（8）道路救援。

（9）钥匙功能和授权使用。

（10）车的状态跟踪（位置跟踪、导航到车停的位置、充电的情况、续航里程、是否有故障或者需要保养等）。

（11）车辆远程控制（打开空调、座椅通风或者加热、空气净化器等）。

（12）与车相关联的其他设备的情况。

（13）驾驶行为的评分或者建议。

（14）车辆钱包（电子收费和在线购物）。

（15）该品牌组织的活动信息等。

2. 驾驶员信息系统

驾驶员信息系统通过位于仪表盘的中央显示屏为驾驶员提供所需的多种车辆信息，

如图6-2所示。

图6-2 驾驶员信息系统

驾驶员信息系统具有以下功能。

（1）提供警报信息。警报系统通过各种传感器实时监测车门或行李箱是否关闭，检查制动系统、照明系统，冷却液温度、油压、蓄电池电压及胎压等各项信息，若出现任何异常，系统都会通过显示屏以图形符号的形式向驾驶员提供警报信息。

（2）在点火开关接通时，可以显示车外温度。当车外温度低于5 ℃时，仪表盘中央显示屏中将出现雪花状态的标志，提示驾驶员路面存在结冰危险。

（3）可以显示收音电台的名称或频率。

（4）可以存储车辆的最高车速限制，如车速设定值为10 km/h，超过这一数值时，系统将会报警。

（5）驾驶员可以查看当前油耗、油量续航里程，以及驾驶时间、平均油耗和平均速度等信息。

（6）配备自动变速器的车辆，还能显示当前行驶挡位。

（7）配备蓝牙功能的车辆，还可以显示电话号码和号码簿联系人姓名。

3. 平视显示系统

平视显示系统也称抬头显示系统（Head Up Display，HUD），它是利用光学反射原理，将车速、导航系统、夜视系统的行人识别系统、检查控制信息以及ADAS信息等重要信息，以投影方式显示在挡风玻璃上或约2 m远的前方、发动机罩尖端的上方，同时还可以显示驾驶辅助系统的警告信息，例如车道偏离警告、行人避让警告等，避免驾驶员在行车过程中频繁低头看仪表或车载屏幕，对行车安全有很好的辅助作用，如图6-3所示。

图 6-3　平视显示系统

平视显示系统的可见性会受以下因素的影响。

（1）座椅位置。

（2）显示图像的位置。

（3）照明条件。

（4）湿滑路面。

（5）显示屏护盖上物品。

（6）太阳镜偏光。

4. 语音交互系统

语音交互系统可为用户提供车内环境下的语音交互服务。系统采用唤醒、语音识别、语义理解等技术实现语音控制，用户只要说唤醒词，即可使用。语音指令可以一步直达功能，既能解放双手，又无须视线偏移注视中控区域，从而保障行车安全，如图 6-4 所示。

图 6-4　语音交互系统

语音交互系统除基本功能（语音操作开关天窗、车窗、灯、空调、导航、天气、监控路况、氛围灯、打电话、车载娱乐、座椅加热、通风等）外，还包括地点介绍、百度搜索、讲笑话，以及服务区、吃饭、购物等地点推荐等。

有的智能语音交互系统还具有童声识别功能，能够更好地对儿童语音指令进行识别及响应；还有主副驾声源识别功能，当功能打开后，智能语音可以识别出语音指令来自主驾还是副驾，然后响应对应的指令，比如调节对应主副驾的温度、车窗、座椅通风等；同时还有"免唤醒""语音直达"等高级功能，有了"免唤醒"，用户只需要说"打开空调"就可以执行操作，大大提高了用户操作的便捷性。

5. 后排娱乐系统

后排娱乐系统（Rear Seat Entertainment，RSE）旨在为后排乘客提供丰富的影视、影音娱乐体验。后排中央扶手上拥有独立的多媒体交互系统控制面板，在前排座椅的靠背后面有两个倾斜度可调的彩色显示屏，如图6-5所示，左右可播放不同的内容，可与视频设备连接，还可以连接耳机，使后排乘客在互不干扰的情况下欣赏各自喜爱的视频内容。

后排乘客可以通过位于后排中央扶手上的控制面板控制后排DVD播放器、电视及收音机等设备；后排乘客可独立地在后座区查看导航系统的路线或规划新的目的地，并能将新的目的地传给驾驶员，以便提供新目的地的方向指引。

图6-5　后排娱乐系统

任务评价

本任务评价如表 6-1 所示。

表 6-1　销售顾问信息娱乐系统推介表现评分表

序号	评价项目	评价指标	分值	自评	互评	师评	合计
1	信息娱乐系统推介	能够准确说明多媒体交互系统的功能	10				
		能够准确说明驾驶员信息系统的功能	10				
		能够准确说明语音交互系统的功能	10				
		能够清晰描述多媒体交互系统的产品优势及客户利益	10				
		能够清晰描述语音交互系统的产品优势及客户利益	10				
2	文化自信	具有传播中华文明的意识	10				
		具有爱国意识	10				
3	职业素养	具有团队合作、信息共享的能力	10				
		具有语言组织和表达能力	10				
		具有现场 5S 管理能力	10				
合计			100				
综合得分							

任务拓展

王女士家有两个孩子，出行时孩子经常在车内打闹，故想购买一辆具有后排娱乐系统的车，以供孩子消遣。请以任意品牌、任意车型为例，向王女士推介本品的后排娱乐系统。

任务二　影音系统推介

 学习目标

知识目标

(1) 了解汽车音响系统的品牌。

(2) 掌握不同品牌汽车音响系统的特点。

(3) 了解车载收音机的发展历程。

影音系统推介

能力目标

(1) 能够区分不同品牌音响系统的产品优势。

(2) 能够说明车载收音机带给客户的利益。

素养目标

(1) 养成透过现象看本质的意识。

(2) 体会汽车智能化带来的"制造强国"成就感。

 学习内容

🌀 **任务导入**

张先生是一位音响"发烧友",开车时总要收听交响乐,对音响的品质要求很高。他想购买一辆音响系统功率承载能力强的车,并了解扬声器的匹配布置情况,请你推介本品的影音系统。

🌀 **任务实施**

一、工作单

品牌名称

（1）请说明本品牌音响系统的优势及客户利益。

本品优势 _____

_____

_____

客户利益 _____

_____

_____

（2）请说明本品牌车载收音机的优势及客户利益。

本品优势 _____

_____

_____

客户利益 _____

_____

_____

二、参考信息

1. 音响系统

音响系统是为减轻驾驶员和乘客旅行中的枯燥感而设置的收放音装置。最早使用的是调幅收音机，后来是调幅调频收音机、磁带放音机、CD 放音机和兼容 DAT（数字录音带）数码音响。现在汽车音响系统在音色、操作和防振等各方面均达到了较高的水平，能应付汽车在崎岖的道路上颠簸，保证性能的稳定和音质的完美。下面介绍市面上主流的车载音响系统品牌，如图 6-6 所示。

（1）BOSE 音响系统。BOSE 音响于 1964 年诞生于美国，该品牌专注于做大型室内外扩音设备，比如体育场、舞台、剧院的音响，但它也开发了汽车专用的各种高级立体声音响系统。BOSE 音响的声音特点是爽快、直白、音质感觉沉、具有震撼力，属于典型美式风格，比较适合听流行音乐。合作的汽车品牌有凯迪拉克、奥迪、英菲尼迪、雪佛兰、日产、马自达等。

（2）Dynaudio（丹拿）音响系统。丹拿品牌总部在德国，生产基地在丹麦，因此该品牌兼具德国的严谨和丹麦的极致工艺。丹拿音响一直追求音质的最真实还原、最高线

图6-6　主流车载音响系统品牌

性与最低失真，其声音中性，没有任何音染，质感好，瞬态反应快。最突出的特点当属其超强的功率承载能力，呈现交响乐和钢琴曲是丹拿的长项，但听歌曲相对弱一些。应用丹拿音响的汽车品牌主要有大众、沃尔沃等。

（3）Bang & Olufsen（B&O）音响系统。B&O是丹麦最有影响、最有价值的品牌之一，主要做一些前卫、时尚的奢侈音响产品，广泛用于民用和汽车音响。该品牌音响主要卖点在于外观造型超前设计，扬声器通常配备独特的铝制装饰罩，且音质比较细腻、自然、悦耳。合作的汽车品牌有奥迪、宝马、奔驰AMG、阿斯顿马丁等。

（4）Beats音响系统。Beats是汽车上最常见的音响品牌之一，其合作伙伴主要为大众，Beats也是最亲民的音响品牌，有音响"发烧友"之称，在大众等高配车型上都有搭载。但毕竟是潮流品牌，音质要逊色一些。

2. 车载收音机

车载收音机是安装在汽车上的一种语音娱乐配置，是车载影音娱乐系统最早、最常见的配置之一。车载收音机发展到如今，经历多次迭代升级，主要有传统按键式收音机和集成到多媒体系统中的电子收音机，如图6-7所示。

车载收音机常见功能如下。

（1）能够收听FM/AM频段电台。

（2）能够播放指定频点的电台。

（3）能够手动切换波段。

（4）能够手动/自动存储电台。

（5）能够手动/自动搜索电台。

图6-7　车载收音机

任务评价

本任务评价如表6-2所示。

表6-2　销售顾问影音系统推介表现评分表

序号	评价项目	评价指标	分值	自评	互评	师评	合计
1	影音系统推介	能够准确说明不同品牌音响系统的特点	10				
		能够准确说明车载收音机的功能	10				
		能够清晰描述汽车音响系统的产品优势及客户利益	20				
		能够清晰描述车载收音机的产品优势及客户利益	10				
2	问题意识	具有善于发现问题的能力	10				
		具有分析解决问题的能力	10				
3	职业素养	具有团队合作、信息共享的能力	10				
		具有语言组织和表达能力	10				
		具有现场5S管理能力	10				
合计			100				
综合得分							

任务拓展

李女士平时开车喜欢听音乐，原来开的车是按钮收音机，开车时频繁操作容易分散注意力，影响行车安全，因此，她想购买一辆具有电子收音机的车。请以任意品牌、任意车型为例，向李女士推介本品的音响系统。

学习目标

知识目标

（1）区分手动空调和自动空调的特点。

（2）了解座椅通风系统和座椅加热系统的工作过程。

（3）掌握车载空气净化器的工作原理。

能力目标

（1）能够区分手动空调和自动空调的产品优势。

（2）能够说明车载空气净化器带给客户的利益。

素养目标

（1）具有节约优先的绿色理念。

（2）具有对顾客热情关怀的服务意识。

空调系统推介

任务导入

　　刘先生之前开的是手动空调车，夏季乘车时，家人经常因为对温度的要求不一致而产生矛盾，于是他想购买一辆具有分区功能自动空调配置的车，并了解自动空调和手动空调的使用区别，请你向刘先生推介本品的空调系统。

任务实施

一、工作单

品牌名称＿＿＿＿＿＿＿＿＿＿＿＿＿＿＿＿＿＿＿＿＿＿＿＿＿＿＿＿＿＿＿＿

（1）请说明本品牌手动空调的优势及客户利益。

本品优势

客户利益

（2）请说明本品牌自动空调的优势及客户利益。

本品优势

客户利益

（3）请说明本品牌座椅加热/通风系统的优势及客户利益。

本品优势

客户利益

（4）请说明本品牌车载空气净化器的优势及客户利益。

本品优势

客户利益

（5）请说明本品牌车载香氛系统的优势及客户利益。

本品优势

客户利益 _____

_____

（6）请说明本品牌驻车加热/通风系统的优势及客户利益。

本品优势 _____

_____

客户利益 _____

_____

（7）请说明本品牌后风窗/后视镜加热系统的优势及客户利益。

本品优势 _____

_____

客户利益 _____

_____

_____

二、参考信息

1. 手动空调

汽车空调系统是对车厢内空气进行制冷、加热、换气和空气净化的装置。它可以为乘车人员提供舒适的乘车环境，降低驾驶员的疲劳强度，提高行车安全。

空调系统按控制方式分为手动式和自动式。

手动空调只能手动对冷/热风的温度和风量进行分级调节，不能设定车内空调的具体温度，需要拨动控制面板上的功能键对温度、风速、风向进行控制，如图6-8所示。

图6-8　手动空调控制面板

2. 自动空调

自动空调的控制面板上有 AUTO 按键，可以根据已设定的温度，通过传感器感应车内各点的温度并自动调节，从而保持车内温度的恒定，调节温度精确度可达到 0.5 ℃，如图 6-9 所示。

图 6-9　自动空调控制面板

自动空调的功能包括车内温度和湿度自动调节、回风和送风模式自动控制以及运转方式和换气量控制等功能。电控单元将根据驾驶员或乘客对空调控制面板上的按钮进行的设定，使空调系统自动运行，并根据各种传感器输入的信号，对送风温度和送风速度及时进行调整，使车内的空气环境保持最佳状态。

自动空调有以下优点。

（1）根据设定，空调系统可自动运行，同时，根据各传感器输入的信号，对送风温度和送风速度及时地进行调整，使车内的空气环境保持最佳状态。

（2）当车外温度与设定的车内温度较为接近时，电控单元可以缩短制冷压缩机的工作时间，甚至在不启动压缩机的情况下，就能使车内温度保持设定状态，达到节能目的。

（3）通过安置在汽车仪表盘上的空调显示控制面板，可以随时显示当时的设置温度、车内温度、车外温度、送风速度、回风和送风口状态以及空调系统运行方式等信息，使驾驶员能够及时全面地了解空调系统的工作状态。

（4）电控单元有自诊断系统，可以及早发现故障隐患，当系统中出现故障时，使系统传入相应的故障安全状态，防止故障进一步扩大。

自动空调还有分区空调，其控制面板如图 6-10 所示。分区空调是指在一个车厢内，可以独立调节不同区域的温度，如双区空调是指车内左右两侧的温度可以独立调节，四区空调则是指前后排、左右侧的温度可以独立调节。其原理是增加了空调的风门，将风道划分得更细更多，经过几个混合风门后送到不同的管路中，而混合风门就是由多个独立的控制器来实现的，当然空调压缩机仍然是一个，无须额外增加新的空调压缩机。

其实，分区并不是完全的。因为车内空气是流通的，想要完全实现分区温度控制是不现实的。分区空调控制的其实是出风口的温度，但是因为出风之后车内空气对流，经过一段时间，车内温度会趋于两个分区温度的均值，乘客的体感温差并没有空调显示的温差那么大。

图6-10 分区空调控制面板

3. 座椅加热系统

座椅加热系统是利用座椅内的电阻丝对座椅内部进行加热，通过热传递将热量传递给乘员，以改善冬季长时间停车后座椅过度冷却给驾乘人员带来的不适感。为了保证安全和舒适，座椅内部还设置了温度传感器，可以监控座椅的温度变化，并控制电阻丝的通断电，让座椅保持在合适的温度范围内。一般座椅加热器有三个挡位，从高到低分别是3、2、1，用户可以根据自己的需求手动调节，找到适合自己的加热温度，如图6-11所示。

图6-11 座椅加热控制开关

4. 座椅通风系统

座椅通风系统是通过座椅通风循环系统，源源不断地将新鲜空气从座椅坐垫与靠背上的小孔流出，防止臀部与后背积汗，提供舒适的乘坐环境，有效改善人体与椅面接触部分的空气流通环境，即使长时间乘坐，身体和座椅的接触面也会干爽舒适。

座椅通风系统的原理是将空调的冷热风通过导管提供给风机，利用超高速静音风机向座椅内部注入空气，空气从座椅上的小孔中流出，实现通风功能，如图6-12所示。

图6-12　座椅通风效果和控制开关

5. 车载空气净化器

车载空气净化器是指专用于净化车内空气中的PM2.5、有毒有害气体（甲醛、苯系物、挥发性有机化合物等）、异味、细菌病毒等污染的空气净化设备。其通常会集成在空调系统中或者中央扶手箱内，如图6-13所示。

图6-13　车载空气净化器

车载空气净化器通常由负离子发生器、微风扇、空气过滤器等系统组成。它的工作原理如下：机器内的微风扇（又称通风机）使车内空气循环流动，污染的空气通过通风机内的PM2.5过滤网和活性炭滤芯将各种污染物过滤或吸附，然后经过装在出风口的负离子发生器（工作时，负离子发生器中的高压产生直流负高压），将空气不断电离，产生大量负离子，由微风扇送出，形成负离子气流，达到清洁、净化空气的目的。

6. 车载香氛系统

车载香氛系统通过微泵吸收香气，经过车辆通风管道形成循环向车内散发香气。车载香氛系统可以保持车内空气洁净，起到一定净化空气的作用，营造更为舒适的车内氛围，提升整车质感及豪华感。

香氛盒一般放置于手套箱内，方便与空调系统连接，但会占据一定空间。厂家一般会提供多种味道的香氛供车主选择，部分车型可以同时安装两个香氛盒，两种香味可以在车内交替使用或混合使用。香氛系统开关与浓度可以通过专属按键调节，如无按键，则需要通过车辆中控进行调节，如图 6-14 所示。

图 6-14　车载香氛系统

7. 驻车加热/通风系统

驻车加热系统是车辆上一种独立的辅助加热系统，它与发动机无直接联系，可以在关闭发动机后使用，也可以在行车期间提供辅助加热。它通过燃烧车内燃油来加热水箱冷却液，以达到不发动汽车便能对车厢内空气以及发动机进行加热。驻车加热系统克服了普通车辆加热系统依赖发动机的局限性，并能提高车辆加热的速度。某些类型的驻车加热系统还提供了发动机暖机功能，大大提高了发动机的冷起动性能，降低了冷起动对发动机的磨损。

驻车通风系统是在不启动压缩机的情况下，将外界的自然风吹到汽车内。夏天车子在外面暴晒温度比较高时，可以提前用手机启动驻车通风功能，降低车内温度。

开启驻车加热/通风需要满足以下前提条件。

（1）车辆处于停车状态或者运行就绪状态，并未处于行驶状态。

（2）燃油存量充足/蓄电池拥有充足的电量。

（3）确保正确设置车辆日期和时间。

（4）车辆通风装置的出风口是打开的，以便空气可以流出。

8. 后风窗/后视镜加热系统

后风窗/后视镜加热系统主要是除霜功能，适用于气温比较低的冬天，由于车内温度较高，外界气温低，因此导致气体凝结成水后结冰、结霜，影响视线。开车时打开后风窗/后视镜加热系统可以使霜或者冰融化，省却了清洗的麻烦。后风窗/后视镜加热系统主要采用电阻丝加热的方式，如图 6-15 所示。为了保护电阻丝，打开加热开关后，大概 15 min 会自动关闭。

图 6-15　后风窗/后视镜加热系统

任务评价

本任务评价如表 6-3 所示。

表 6-3　销售顾问空调推介表现评分表

序号	评价项目	评价指标	分值	自评	互评	师评	合计
1	空调推介	能够准确说明手动空调和自动空调的优缺点	10				
		能够准确说明座椅加热系统和座椅通风系统的工作原理	10				
		能够清晰描述自动空调的产品优势及客户利益	10				
		能够清晰描述车载空气净化器的产品优势及客户利益	10				
		能够清晰描述驻车加热/通风系统的产品优势及客户利益	10				

续表

序号	评价项目	评价指标	分值	自评	互评	师评	合计
2	绿色意识	具有勤俭节约的意识	10				
		具有循环利用工具的习惯	10				
3	职业素养	具有团队合作、信息共享的能力	10				
		具有语言组织和表达能力	10				
		具有现场 5S 管理能力	10				
合计			100				
综合得分							

任务拓展

　　严女士生活在东北地区，冬季车辆在室外停放一段时间后，上车时车内温度很低，驾车舒适性很受影响，她想购买一辆具有驻车加热系统的车。请以任意品牌、任意车型为例，向严女士推介本品的驻车加热系统。

任务四　车载电话推介

 学习目标

知识目标

（1）归纳车载蓝牙系统的功能。

（2）了解车载无线充电的形式。

车载电话推介

能力目标

（1）能够概述车载蓝牙系统的产品优势。

（2）能够说明车载无线充电带给客户的利益。

素养目标

（1）具有科技报国的创新精神。

（2）感受"万物互联"的科技强国力量。

 学习内容

 任务导入

　　王先生平时工作比较繁忙，开车时经常需要接打电话，为了提高行车安全性和便捷性，想购买一辆具有车载蓝牙系统的车，并了解车载蓝牙系统的功能，请你向王先生进行推荐。

 任务实施

一、工作单

品牌名称 _____

（1）请说明本品牌车载蓝牙系统的优势及客户利益。

本品优势 _____

客户利益 _____

_____

_____

_____

（2）请说明本品牌车载无线充电的优势及客户利益。

本品优势 _____

_____

_____

客户利益 _____

_____

_____

_____

_____

二、参考信息

1. 车载蓝牙系统

车载蓝牙系统是以无线蓝牙技术为基础而设计研发的车内无线免提系统，主要功能是能在正常行驶中通过蓝牙技术与手机连接进行免提通话，解放双手，以提高行车安全性和舒适性。

车载蓝牙系统可以自动辨识移动电话，不需要电缆或电话托架便可与手机联机；车主可以不接触手机，甚至是双手保持在方向盘上，用语音指令接听或拨打电话，使用者可以通过车上的音响进行通话。

如果车载蓝牙系统和整个汽车的音响都配套，在使用时，有蓝牙功能的手机和汽车的音响搭配在一起，当有来电或拨打电话时，车上音响会自动静音，通过音响的扬声器/麦克风进行语音传输。若选择蓝牙无线耳机进行通话，只要耳机处于开机状态，当有来电时，按下接听按钮就可以实现通话。车载蓝牙系统可以保证良好的通话效果，并支持任何厂家生产的内置蓝牙模块和蓝牙免提手机。车载蓝牙系统还可以与手机建立无线连接，播放手机里的音乐，如图6-16所示。

图 6-16　车载蓝牙系统播放手机音乐

2. 车载无线充电

车载无线充电无须频繁插拔充电线，可以增加行车安全，提高车主生活品质，极大地改善车内手机使用和充电的体验。

目前车载无线充电分为两种方式：前装和后装。前装是指汽车在出厂前带有无线充电装置，一般位于中央储物盒、扶手箱位置，手机放到充电装置上即可充电，如图 6-17 所示。后装则是在汽车上额外加装一个车载支架等装置来实现无线充电，安装位置不固定，可安装于空调通风口、汽车中控台等位置，或者借助吸盘吸附在挡风玻璃上。

图 6-17　前装车载无线充电装置

车载无线充电功能有以下使用条件。

（1）关闭前后车门及发动机罩。

（2）将开关置于 ACC/ON 挡。

（3）开启多媒体设置菜单关于无线充电功能开关。

（4）手机有无线充电功能。

任务评价

本任务评价如表6-4所示。

表6-4　销售顾问车载电话推介表现评分表

序号	评价项目	评价指标	分值	自评	互评	师评	合计
1	车载电话推介	能够准确说明车载蓝牙系统的功能	10				
		能够准确说明车载无线充电的功能	10				
		能够清晰描述车载蓝牙系统的产品优势及客户利益	20				
		能够清晰描述车载无线充电的产品优势及客户利益	10				
2	创新精神	具有学习先进技术的意识	10				
		具有突破固有思维的能力	10				
3	职业素养	具有团队合作、信息共享的能力	10				
		具有语言组织和表达能力	10				
		具有现场 5S 管理能力	10				
合计			100				
综合得分							

任务拓展

　　李先生因工作经常要驾车去外地，为了改善车里手机使用和电池充电的感受，想购买一辆具有车载无线充电功能的车。请以任意品牌、任意车型为例，向李先生推介本品的车载无线充电功能。

任务五　舒适配置推介

学习目标

知识目标

（1）熟悉智能钥匙的功能。

（2）了解车门自动吸合装置的原理。

（3）解释车载 220 V 电源的使用要求。

能力目标

（1）能够概述智能钥匙的产品优势。

（2）能够说明车门自动吸合装置带给客户的利益。

（3）能够说明方向盘加热带给客户的利益。

素养目标

（1）体验汽车科技的先进性，增强爱国意识。

（2）形成思想创新、科技创新的意识。

（3）形成勤俭节约的意识。

舒适配置推介

🌀 任务导入

　　李女士比较严谨细心，每次用智能钥匙锁车后，总担心车辆的安全性，请你为李女士解释智能钥匙的功能和原理，解除李女士的担忧。

🌀 任务实施

一、工作单

品牌名称 _____

（1）请说明本品牌智能钥匙的优势及客户利益。

本品优势

客户利益

（2）请说明本品牌遥控中央门锁的优势及客户利益。

本品优势

客户利益

（3）请说明本品牌车门自动吸合装置的优势及客户利益。

本品优势

客户利益

（4）请说明本品牌车载冰箱的优势及客户利益。

本品优势

客户利益

（5）请说明本品牌方向盘加热的优势及客户利益。

本品优势

客户利益

（6）请说明本品牌加热/制冷杯架的优势及客户利益。

本品优势

客户利益

（7）请说明本品牌颈部加热系统的优势及客户利益。

本品优势

客户利益

（8）请说明本品牌折叠小桌板的优势及客户利益。

本品优势

客户利益

（9）请说明本品牌车载 220 V 电源插座的优势及客户利益。

本品优势

客户利益

（10）请说明本品牌灯光包的优势及客户利益。

本品优势

客户利益

二、参考信息

1. 智能钥匙

智能钥匙即为常见的无钥匙进入系统，也称作智能钥匙系统，如图 6-18 所示，它主要包括发射器、遥控中央锁控制模块、驾驶授权系统控制模块三个接收器及相关线束组成的控制系统。

智能钥匙系统采用无线射频识别技术，通常情况下，当车主走近车辆大约 1 m 以内距离时，门锁就会自动打开并解除防盗；当离开车辆时，门锁会自动锁上并进入防盗状态。当车主进入车内时，车内检测系统会马上识别智能钥匙，这时只需轻轻按动开启按钮（或旋钮），就可以正常起动车辆，整个过程，车钥匙无须拿出。智能钥匙能够最大程度方便驾驶员解锁和起动车辆，科技感强。

图 6-18　智能钥匙

智能钥匙有以下功能。

（1）寻找车辆。当车主找不到自己的车时，按下汽车智能钥匙功能按钮，车辆会鸣笛并双闪，起到提醒的作用。

（2）控制汽车车窗升降。长按钥匙上的锁车键就能关闭所有的车窗，包括天窗。

（3）控制车锁和后备厢开锁。智能钥匙最常见的功能就是控制车锁和防盗功能，还可以控制后备厢开锁。

2. 遥控中央门锁

遥控中央门锁可以让驾驶员通过无线遥控钥匙以中控的方式将车辆所有车门和后备厢上锁或开锁，提高了汽车使用的便利性和行车的安全性。

遥控中央门锁有以下功能。

（1）中央控制。当驾驶员锁住身边的车门时，其他车门也同时锁住，驾驶员可通过门锁开关同时打开各个车门，也可单独打开某个车门。

（2）速度控制。当车速达到一定速度时，各个车门能自行锁上，防止乘员误操作车门把手而导致车门打开。

（3）单独控制。除在驾驶员身边车门外，还在其他车门设置单独的弹簧锁开关，可独立控制一个车门的打开和锁住。

3. 车门自动吸合装置

车门自动吸合装置是常见于豪华轿车的一项舒适安全配置，当车门未关好的情况下，车门会自动吸合直到完全关闭。该装置既让关门动作更优雅，又可以避免车辆因车门没有完全关闭就起动行驶带来的危险，提升了舒适性及安全性。

车门自动吸合装置的原理是在门框上（或门板边缘）装有电磁线圈，当车门打开时，线圈中就会有电流通过，从而形成电磁场，产生磁力；当车门与门框距离较近时，磁力会将车门自动合拢，从而完成关门动作，如图 6-19 所示。

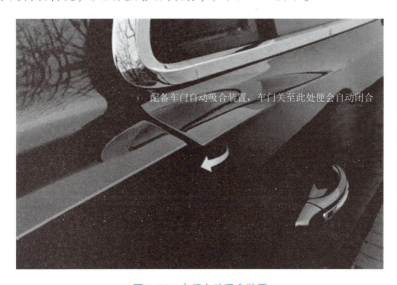

图 6-19　车门自动吸合装置

4. 车载冰箱

车载冰箱是在车上使用的移动冷藏柜，如图 6-20 所示。在行车途中，将电源接入点烟孔，即可通过发动机产生的电量让车载冰箱工作制冷。

目前主要有两种不同制冷方式的车载冰箱。一种是电子半导体车载冰箱，它的原理是通过电子半导体芯片进行冷热转换，工作制冷的温度范围为 5~65 ℃。这种冰箱的优点是可以制冷和加热，体积较小，功耗低，成本低，工作时没有噪声；缺点是制冷效率不

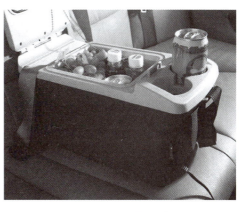

图 6-20　车载冰箱

高，无法结冰，容量也比较小。

另一种是压缩机车载冰箱，也是目前主流的车载冰箱种类。压缩机是传统的制冷技术，制冷效率较高，并且制冷温度为−18~10 ℃。压缩机车载冰箱的优点是制冷和保温功能强劲，但是相对而言质量较重，价格较高。

5. 方向盘加热

方向盘加热可以在寒冷的季节让方向盘变得温暖，使驾驶员握方向盘时不再觉得寒冷不适。通过方向盘加热按钮来控制开启或关闭，如图 6-21 所示。

图 6-21　方向盘加热按钮

方向盘加热的原理是靠电阻丝发热。通常在包裹方向盘的真皮里面垫一层电阻丝，电源线通过方向盘下方与转轴相连接的部位给电阻丝供电，进行加热。大部分带有方向盘加热的车型主要为方向盘 3 点和 9 点方向，也就是手握的区域加热，这样既简化了技术，又节约了成本。

6. 加热/制冷杯架

加热/制冷杯架，即可以对杯架内水杯进行加热和制冷的装置，如图 6-22 所示。具备这个功能的杯架，其表面被一层铝覆盖（区别于普通杯架的典型特征），而表面充斥着塑料和橡胶材质的杯架，则仅仅起固定水杯的作用。

加热/制冷杯架装置主要是利用佩尔捷原理，金属与半导体接触，当电子由金属进入半导体时，需要克服势垒阻碍，并且进入半

图 6-22　加热/制冷杯架

导体后的运动也需要一定的能量，所以会发生吸热现象；相反，当电子由半导体进入金属时，就会放出相同的能量。加热温度最高为58 ℃，制冷温度最低为5 ℃，杯架的"加热"和"制冷"控制键在按下后，会显示蓝色的LED指示灯，方便使用者确认杯架目前所处的状态。

并不是车上所有加热/制冷杯架都会采纳佩尔捷原理，对空调出风管路的巧妙设计也可以为用户提供这样的便利。将空调出风口引到手套箱，通过一个简单的旋转阀门来控制开闭以及冷热风道的切换，这样就能对水杯的温度进行控制。

7. 颈部加热系统

颈部加热系统使驾乘人员的颈部空间保持温暖，如图6-23所示，当车辆在敞篷状态时，驾乘人员敏感的颈部不易受外界冷空气的影响，从而提高驾乘舒适感。颈部加热系统设有3种工作模式，该系统在发动机起动后开始工作，最大加热功率为250 W，最高加热温度不超过45 ℃。

图6-23　颈部加热系统

8. 折叠小桌板

折叠小桌板是一项极其人性化的舒适装备，旨在使车内乘员更加舒适方便。折叠小桌板不仅可以安装在前排座椅靠背后方，还可以安装在豪华版后排中央扶手处，如图6-24所示。

图6-24　折叠小桌板

9. 车载 220 V 电源插座

车载 220 V 电源可以供一些小功率的电器使用，例如笔记本计算机、手机、行车记录仪，以及带有"车载"字样的电器，如车载冰箱、车载烧水器、车载风扇、车载电饭煲等，满足用户在车内对电子设备的用电需求。车载电源虽然是 220 V 的，但是功率并不高，最大功率为 150 W。车载 220 V 电源插座一般位于后排空调的控制面板下方，如图 6-25 所示。

图 6-25　车载 220 V 电源插座

10. 灯光包

灯光包一般包含后座阅读灯、车内控制开关照明灯、车门上的主动式反射器、下车照明灯、脚部照明灯和手套箱照明灯等，让车厢灯光分配更加细致，不仅可以改善车厢内部的灯光效果，还能够营造出惬意的车内灯光氛围，如图 6-26 所示。

图 6-26　灯光效果（附彩插）

任务评价

本任务评价如表6-5所示。

表6-5　销售顾问舒适配置推介表现评分表

序号	评价项目	评价指标	分值	自评	互评	师评	合计
1	舒适配置推介	能够准确说明智能钥匙的功能	10				
		能够准确说明车门自动吸合装置的功能	10				
		能够清晰描述方向盘加热的产品优势及客户利益	20				
		能够清晰描述灯光包的产品优势及客户利益	10				
2	爱国意识	具有强烈的民族自豪感	10				
		具有文化自信心	10				
3	职业素养	具有团队合作、信息共享的能力	10				
		具有语言组织和表达能力	10				
		具有现场5S管理能力	10				
		合计	100				
		综合得分					

任务拓展

王先生是一位商务人士，有专门的司机开车，由于经常在车内处理业务，需要对笔记本计算机进行充电。他想购买一辆具有车载220 V电源插座的车。请以任意品牌、任意车型为例，向王先生推介本品的车载220 V电源插座功能。

模块七

车辆性能

模块简介

随着汽车技术的不断发展与进步，人们选购车辆时，在注重车辆外观、配置的基础上，越加关注车辆各项性能表现。无论是追求动感的动力性、追求性价比的经济性、追求使用体验的舒适性，还是追求安心的安全性，评判汽车性能不仅要靠主观的感受，还要靠科学的评判指标。作为汽车从业人员，掌握汽车的评判指标，能更好地为客户推介适合的车辆。

任务　车辆性能推介

学习目标

知识目标

（1）掌握汽车各项使用性能的评价指标。

（2）掌握汽车各项使用性能的影响因素。

能力目标

（1）能够介绍影响汽车各项性能评价指标的影响因素。

（2）能够通过查询资料获取车型的各项性能参考因素。

（3）能够简单评判车型的性能特点。

汽车性能推介

素养目标

（1）养成客户意识和严谨精神。

（2）树立科学的态度。

 学习内容

任务导入

小张最近想选购一辆新车，咨询朋友意见时，朋友问他是注重汽车动力性、经济性还是其他性能？小张一头雾水，到底什么是汽车性能？对于汽车性能你又了解多少呢？请你为小张答疑解惑。

任务实施

一、工作单

品牌名称 ＿＿＿＿＿＿＿＿＿＿＿＿

（1）请介绍购车客户关注的车辆性能。

＿＿＿＿＿＿＿＿＿＿＿＿＿＿＿＿＿＿＿＿＿＿＿＿＿＿＿＿＿＿＿＿＿

＿＿＿＿＿＿＿＿＿＿＿＿＿＿＿＿＿＿＿＿＿＿＿＿＿＿＿＿＿＿＿＿＿

（2）请说明本品牌动力性的优势及客户利益。

本品优势 ＿＿＿＿＿＿＿＿＿＿＿＿＿＿＿＿＿＿＿＿＿＿＿＿＿＿＿

＿＿＿＿＿＿＿＿＿＿＿＿＿＿＿＿＿＿＿＿＿＿＿＿＿＿＿＿＿＿＿＿＿

客户利益 ＿＿＿＿＿＿＿＿＿＿＿＿＿＿＿＿＿＿＿＿＿＿＿＿＿＿＿

＿＿＿＿＿＿＿＿＿＿＿＿＿＿＿＿＿＿＿＿＿＿＿＿＿＿＿＿＿＿＿＿＿

（3）请说明本品牌经济性的优势及客户利益。

本品优势 ＿＿＿＿＿＿＿＿＿＿＿＿＿＿＿＿＿＿＿＿＿＿＿＿＿＿＿

＿＿＿＿＿＿＿＿＿＿＿＿＿＿＿＿＿＿＿＿＿＿＿＿＿＿＿＿＿＿＿＿＿

客户利益 ＿＿＿＿＿＿＿＿＿＿＿＿＿＿＿＿＿＿＿＿＿＿＿＿＿＿＿

（4）请说明本品牌制动性的优势及客户利益。

本品优势

客户利益

（5）请说明本品牌通过性的优势及客户利益。

本品优势

客户利益

（6）请说明本品牌舒适性的优势及客户利益。

本品优势

客户利益

（7）请说明本品牌操纵稳定性的优势及客户利益。

本品优势

客户利益

（8）请说明本品牌新能源汽车性能优势及客户利益。

本品优势

客户利益 _____

_____

_____

二、参考信息

1. 汽车动力性

汽车动力性是指汽车在良好的路面上直线行驶时，克服各种行驶阻力所能达到的平均行驶速度。动力性是汽车性能中最重要、最基本的性能。汽车运输效率的高低、平均技术速度的高低，在很大程度上取决于汽车动力性。

（1）汽车动力性的评价指标。汽车的平均行驶速度是汽车动力性的总指标。汽车动力性主要由三方面的指标来评定，即最高车速、加速性能和上坡性能。

1）最高车速。

最高车速是指汽车额定满载行驶于平直良好路面（混凝土或沥青）上所能达到的最高行驶速度。它对于长途运输车辆的平均行驶速度影响较大。

2）加速性能。

加速性能是指汽车在各种使用条件下提高行驶速度的能力。它对于市区运行车辆的平均行驶速度影响很大，特别是轿车对加速时间尤为重视。加速性能在理论分析中用加速度来评定，而在实际试验中常用下列两种方法评定。

①最高挡或次高挡加速性能，也称超车加速性能。它通过汽车用最高挡或次高挡由某一预定的中速全力加速至另一预定高速时所经过的时间或距离来评定。这段时间越短，则超车加速性能越强，从而可以减少超车过程中的并行时间，有利于保障行驶安全。

②起步连续换挡加速性能，也称原地起步加速性能。它通过汽车以起步挡起步，并以大的加速度且选择恰当的换挡时刻逐步换到最高挡后，加速到某一高速（80%最高车速以上）所需时间或某一距离来评定。原地起步加速时间是衡量高档轿车动力性的重要指标。一般认为，高速轿车的 0~100 km/h 的加速时间应在 10 s 以内，跑车或竞赛汽车的加速时间在 4 s 左右。

3）上坡性能。

上坡性能通常用最大爬坡度来评定。最大爬坡度是指汽车满载时，用变速器最低挡位在良好路面上等速行驶所能克服的最大道路纵向坡度。它对于山区行驶车辆的平均行驶速度有很大影响。轿车一般不强调上坡性能，因为轿车最高车速大，加速时间短，经常在较好的道路上行驶；货车需要在各种地区的各种道路上行驶，必须具有足够的上坡性能。一般最大爬坡度在 30%，即 16.7°左右。需要进一步加以说明的是，最大爬坡度代表了汽车的极限上坡性能，它应比实际行驶中遇到的道路最大坡度大很多，这是因为应考虑到在实际坡道行驶时，在坡道停车后顺利起步加速、克服松软道路面的大阻力、克服坡道上崎岖不平路面的局部大阻力等要求。越野车要在坏路或无路条件下行驶，因而上坡性能是一个很重要的指标，它的最大爬坡度可达到60%或更高。

（2）汽车的驱动力和行驶阻力。确定汽车动力性，需要掌握沿汽车行驶方向作用于汽车的各种外力，即驱动力与行驶阻力。根据这些力的平衡关系，建立汽车行驶方程式，就可以估算汽车的最高车速、加速性能和上坡性能。

汽车行驶时，其驱动力一定要克服行驶阻力，其行驶方程式为

$$F_t = \sum F$$

式中：F_t——驱动力（N）；

$\sum F$——行驶阻力之和（N）。

1）汽车的驱动力。

①驱动力的产生。

汽车发动机的转矩经传动系传至驱动轮，驱动轮便产生一个作用于路面的圆周力 F_0，路面则对驱动轮产生一个反作用力 F_t（F_0 与 F_t 大小相等，方向相反），即驱动汽车的外力，称为汽车的驱动力，如图7-1所示，其数值为

$$F_t = F_0 = \frac{T_t}{r} \tag{7-1}$$

式中：T_t——作用于驱动轮上的转矩（N·m）；

r——车轮半径（m）。

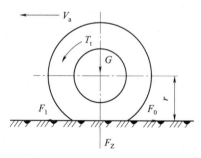

图7-1　汽车的驱动力

作用于驱动轮上的转矩 M_t 是由发动机产生并经传动系传到驱动轮上的，由传动过程可知

$$T_t = T_{tq} i_g i_0 \eta_T \tag{7-2}$$

式中：T_{tq}——发动机的有效转矩（N·m）；

i_g——变速器的传动比；

i_0——主减速器的传动比；

η_T——传动系的机械效率。

将式（7-2）代入式（7-1）得

$$F_t = \frac{T_{tq} i_g i_0 \eta_T}{r} \qquad (7-3)$$

由上式可知，汽车的驱动力与发动机的有效转矩、传动系各挡的传动比及传动系的机械效率成正比，与车轮半径成反比。

$$T_{tq} = \frac{9\,550 P_e}{n} \qquad (7-4)$$

式中：P_e——发动机在转速为 $n(r/min)$ 时的功率（kW）。

将式（7-4）代入式（7-3）得

$$F_t = \frac{9\,550 P_e i_g i_0 \eta_T}{nr} \qquad (7-5)$$

②传动系的机械效率。

发动机输出的功率 P_e 经传动系传至驱动轮的过程中，部分功率用于克服传动系各部件中的摩擦，因而消耗了一部分功率。驱动轮得到的功率仅为 $(P_e - P_t)$，其中 P_t 表示传动系损失的功率。因此，传动系的机械效率为

$$\eta_T = \frac{P_e - P_t}{P_e} = 1 - \frac{P_t}{P_e} \qquad (7-6)$$

传动系损失的功率 P_t 是在离合器、变速器、万向传动机构、主减速器、驱动轮轴承等处损失功率的总和。离合器在不打滑的情况下，其功率损失很小。万向传动机构的传动效率取决于两传动轴间的夹角，现代汽车的这个夹角很小，如果滚针润滑正常，功率损失很小。当汽车各部轴承润滑调整正常时，功率损失也很小。

传动系的功率损失主要在变速器和主减速器这两个部位上。功率损失可分为机械损失和液力损失两大类。

机械损失是指齿轮传动副、轴承、油封等处的摩擦损失，与传动副的数量、机械制造质量及传递的转矩有关。

液力损失是指消耗与润滑油的搅动、润滑油与旋转零件表面的摩擦等功率损失，与润滑油的品种、温度、箱体内的油面高度以及齿轮等旋转零件的转速有关。

虽然 η_T 受多种因素影响，但对汽车进行初步的动力性分析时，可把它取为常数，一般轿车取 0.9~0.92。传动系的机械效率可在专门的试验台上测出。

2）汽车的行驶阻力。

汽车在水平道路上匀速行驶时，必须克服来自地面的滚动阻力 F_f 和来自空气的空气阻力 F_w。当汽车在坡道上上坡行驶时，还必须克服重力沿坡道的分力 F_i，称为上坡

阻力。当汽车加速行驶时，还需要克服其惯性力 F_j，称为加速阻力。因此，汽车行驶的总阻力为

$$\sum F = F_f + F_w + F_i + F_j \tag{7-7}$$

上述阻力中，滚动阻力和空气阻力是在任何行驶条件下均存在的，上坡阻力和加速阻力仅在一定行驶条件下存在，如在水平道路上等速行驶时就没有上坡阻力和加速阻力。

①滚动阻力。

汽车车轮在滚动时，由车轮与地面的变形以及两者之间的相互作用产生的能量损失称为滚动阻力。

滚动阻力的大小一般用下列公式计算，即

$$F_f = G f \tag{7-8}$$

式中：G——汽车重力（N）；

f——滚动阻力系数。

滚动阻力系数 f 表示单位车重的滚动阻力。汽车在不同路面或不同运行条件下行驶时的滚动阻力系数是不一样的。滚动阻力系数的大小由试验确定，其影响因素主要有以下几个方面。

a. 路面的类型、平整度、坚硬程度和干燥状况。表 7-1 是车速在 50 km/h 以下时，不同路面上的滚动阻力系数 f 的数值。

表 7-1　不同路面上的滚动阻力系数 f 的数值

路面类型	滚动阻力系数
良好的沥青或混凝土路面	0.010~0.018
一般的沥青或混凝土路面	0.018~0.020
碎石路面	0.020~0.025
良好的卵石路面	0.025~0.030
坑洼的卵石路面	0.035~0.050
压紧土路（干燥的）	0.025~0.035
压紧土路（雨后的）	0.050~0.150
泥泞土路（雨季或解冻期）	0.100~0.250
干沙	0.100~0.300
湿沙	0.060~0.150
结冰路面	0.015~0.030
压紧的雪道	0.030~0.050

b. 轮胎的结构。在保证轮胎有足够的强度和寿命的前提下，减少帘布层数，可以使胎体减薄而减小滚动阻力系数；子午线轮胎比普通轮胎的滚动阻力系数小，而且车速

的变化对它的影响较小；胎面花纹磨损的轮胎，比新轮胎的滚动阻力系数小。

c. 轮胎的气压。气压降低时，在硬路面上轮胎变形大，滚动阻力系数增大；气压过高，在软路面上行驶时，路面产生很大的塑性变形，并会留下轮辙，使滚动阻力系数增大。

d. 车速。车速在 50 km/h 以下时，滚动阻力系数变化不大；在 100 km/h 以上时增长较快。车速达某一高速，如 150~200 km/h 时，滚动阻力系数迅速增长，因为这时轮胎将出现驻波现象，即轮胎周缘不再是圆形而呈明显的波浪形，这时车辆的滚动阻力系数会显著增加。

此外，前轮定位失准以及车轮受侧向力作用时，地面会对轮胎产生侧向反作用力，引起轮胎的侧向变形，例如在转弯行驶时，滚动阻力系数将大幅增加。

②空气阻力。

汽车是在空气介质中行驶的。汽车相对于空气运动时，空气作用力在行驶方向上的分力称为空气阻力，用符号 F_w 表示。

根据空气动力学原理，在汽车行驶速度范围内，空气阻力 F_w 数值的大小通常用以下公式计算：

$$F_w = \frac{C_D A u_a^2}{21.15} \tag{7-9}$$

式中：C_D——空气阻力系数；

A——汽车的迎风面积（m^2）；

u_a——汽车与空气的相对速度（km/h）。

上式表明：空气阻力的大小与空气阻力系数 C_D 及迎风面积 A 成正比。迎风面积 A 受使用空间的限制，不易进一步减少，所以降低空气阻力系数 C_D 是降低空气阻力的主要手段。C_D 的大小与汽车外形有很大的关系，良好的流线型对于高速行驶的汽车至关重要。

③上坡阻力。

当汽车上坡行驶时，汽车的重力在平行于路面方向的分力，称为汽车的上坡阻力，如图 7-2 所示。

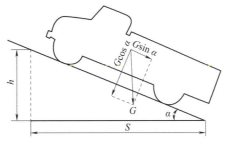

图 7-2 汽车的上坡阻力

上坡阻力 F_i 的大小由下面公式计算：

$$F_i = G \sin \alpha \qquad (7-10)$$

式中：G——汽车重力（N）；

α——行驶路面与水平路面的夹角（°）。

道路坡度 i 常用坡高与底长之比的百分数来表示，即

$$i = \frac{h}{S} \times 100\% = \tan \alpha$$

当 $\alpha = 10° \sim 15°$ 时，有

$$\sin \alpha \approx \tan \alpha$$

故

$$F_i = G \sin \alpha \approx G_i$$

由于滚动阻力 F_f 和上坡阻力 F_i 均和道路条件有关，而且均与汽车重力成正比，因此常把这两种阻力合在一起称为汽车的道路阻力。

④加速阻力。

汽车加速行驶时，需要克服其质量加速运动时的惯性力，即加速阻力 F_j。通常把汽车的质量分为平移质量和旋转质量两部分。加速时，不仅平移的质量产生惯性力，旋转的质量还要产生惯性力偶矩。为便于计算，一般把旋转质量的惯性力偶矩转化为平移质量的惯性力，并以 δ 作为计入旋转质量惯性力偶矩后的旋转质量换算系数，因而汽车加速阻力 F_j 可写成

$$F_j = \delta \frac{G \mathrm{d}v}{g \mathrm{d}t} \qquad (7-11)$$

式中：δ——旋转质量换算系数，其主要与飞轮的转动惯量、车轮的转动惯量，以及传动系的传动比有关（$\delta > 1$）；

G——汽车总重力（N）；

g——重力加速度（$g = 9.8 \ \mathrm{m/s^2}$）；

$\mathrm{d}v/\mathrm{d}t$——行驶加速度（$\mathrm{m/s^2}$）。

（3）汽车行驶的驱动条件和附着条件。

1）汽车行驶的驱动条件。

汽车行驶过程中，受各种行驶阻力的作用，故必须有一定的驱动力，以克服各种行驶阻力。表示汽车的驱动力与行驶阻力之间关系的等式，称为汽车的驱动力平衡方程，即

$$F_t = F_f + F_w + F_i + F_j \qquad (7-12)$$

式（7-12）说明了汽车行驶中驱动力与行驶阻力之间的平衡关系，其平衡关系不同，则汽车的运动状态不同。

当 $F_j=F_t-(F_f+F_w+F_i)>0$，即 $F_t>F_f+F_w+F_i$ 时，汽车将加速行驶。

当 $F_j=F_t-(F_f+F_w+F_i)=0$，即 $F_t=F_f+F_w+F_i$ 时，汽车将等速行驶。

当 $F_j=F_t-(F_f+F_w+F_i)<0$，即 $F_t<F_f+F_w+F_i$ 时，汽车将无法起步或减速行驶直至停车。

可见，汽车行驶的必要条件是

$$F_t \geq F_f+F_w+F_i \tag{7-13}$$

式（7-13）为汽车的驱动条件，它反映汽车的行驶能力，但还不是汽车行驶的充分条件。

2）汽车行驶的附着条件。

可以采用增加发动机转矩和加大传动比等措施来增大汽车的驱动力，但是这些措施只有在驱动轮与路面之间不发生滑转现象时有效。如果驱动轮在路面滑转，则增大驱动力只会使驱动轮加速旋转，地面的切向反作用力并不会增加。这种现象说明地面作用在驱动轮上的切向反作用力受地面接触强度的限制，并不能随意加大，即汽车行驶除受驱动条件制约外，还受轮胎与地面附着条件的限制。

地面对轮胎切向反作用力的极限值称为附着力 F_φ，在硬路面上，附着力取决于轮胎与路面之间的相互摩擦，它与驱动轮法向作用力 F_z 成正比，常写成

$$F_\varphi=F_z\varphi \tag{7-14}$$

式中：φ——附着系数，表示轮胎与路面的接触强度，反映了轮胎与路面的摩擦作用。

附着系数 φ 与光滑表面之间的摩擦系数不同。当轮胎与路面接触时，路面的坚硬微小凸起能嵌入变形的轮胎中，增加轮胎与路面的接触强度，对轮胎在接地面积内的相对滑动有较大的阻碍作用，轮胎与地面之间的上述作用，通常被称为附着作用。

在松软路面上，如车轮在比较松软的干土路面上滚动时，土壤的变形比轮胎的变形大，轮胎胎面花纹的凸起部分嵌入土壤，这时附着系数不仅取决于轮胎与土壤之间的摩擦作用，还取决于土壤的抗剪切强度。因为只有当嵌入轮胎花纹沟槽的土壤被剪切脱开基层时，轮胎在接地面积内才产生相对滑动，车轮发生相对滑转。

显而易见，地面的切向反作用力不得大于附着力，否则会发生驱动轮滑转，即

$$F_t \leq F_\varphi \tag{7-15}$$

式（7-15）称为汽车的附着条件。

将式（7-15）代入式（7-14），则驱动轮的附着条件还可以写为

$$F_t \leq F_z\varphi \tag{7-16}$$

将汽车的驱动条件和附着条件联系在一起，得

$$F_f+F_w+F_i \leq F_t \leq F_z\varphi \tag{7-17}$$

式（7-17）即为汽车行驶的驱动-附着条件，也是汽车行驶的充分必要条件。

（4）影响汽车动力性的主要因素。

1）发动机参数。

①发动机最大功率。发动机最大功率越大，汽车的动力性越好，最高车速、加速性能、上坡性能必然也好，但发动机最大功率也不宜过大，否则在常用条件下，发动机负荷率过低会导致油耗的增加。

②发动机最大转矩。发动机的最大转矩大，i_g、i_o 一定时，汽车的加速性能和上坡性能就强。

2）主减速器的传动比。

主减速器的传动比大，则动力性强，上坡性能强，但速度较低。

3）传动系挡位。

无副变速器和分动器时，传动系挡位即为变速器前进挡的挡位。变速器的挡位增加时，发动机在接近最大功率工况下工作的机会增加，发动机的平均功率利用率高，后备功率增大，有利于汽车加速和上坡，汽车中速行驶时的动力性提高。挡位多，可选用最合适的挡位行驶，使发动机尽可能在大功率工况下工作，提高平均功率利用率。

4）变速器的传动比。

变速器的传动比对汽车的动力性影响最大。变速器的Ⅰ挡传动比 i_{g1} 与主减速器的传动比 i_o 的乘积，决定了传动系的最大传动比，Ⅰ挡的传动比越大，汽车的牵引能力和爬坡能力就越强。但只有在附着条件的限制内，汽车的动力性才能充分发挥。变速器其余各挡的传动比应按等比级数分配，保证汽车在换挡加速过程中功率利用程度最高。

5）汽车外形。

汽车外形影响汽车的空气阻力系数，对汽车的动力性也有影响。因为空气阻力和车速的平方成正比，克服空气阻力消耗的功率和车速的立方成正比，所以汽车的流线型对汽车的最高车速有很大影响。

6）轮胎尺寸与形式。

汽车的驱动力与驱动轮的半径成反比，而车速与驱动轮的半径成正比。因此，轮胎半径对与动力性有关的驱动力和车速是矛盾的。在良好路面上行驶的汽车，由于附着力较大，允许用小直径的轮胎，可得到较大的驱动力。车速的提高可以用减小主减速器的传动比来解决。轮胎尺寸和主减速器传动比的减小，使汽车质心高度降低，提高了汽车行驶的稳定性，有利于汽车的高速行驶。在软路面上行驶的汽车，车速不高，要求轮胎半径大些，主要是为了增加附着系数。

7）使用因素。

使用因素主要包括发动机技术状况、汽车底盘技术状况、驾驶技术、汽车运行条件等。

①发动机技术状况。发动机技术状况不良，其功率、转矩下降，汽车动力性下降。

②汽车底盘技术状况。汽车传动系各传动元件的松紧度与润滑，前轮定位的调整、轮胎气压、制动性能的好坏、离合器的调整、传动系的润滑油质量等都直接影响汽车的动力性。

③驾驶技术。熟练的驾驶技术，适时迅速地换挡以及正确选择挡位，对发挥和利用汽车动力性均有很大影响。

④汽车运行条件。气候温度过高和过低，容易造成发动机过热和过冷，使发动机的功率下降；当汽车在高原地区行驶时，由于空气稀薄，发动机的充气量和压缩压力降低，导致发动机功率下降；汽车在使用过程中，道路条件不断变化，如遇泥泞土路和冰雪路面等，会使车轮滚动阻力增加，附着系数减小，也使发动机的功率大大降低。

2. 汽车经济性

汽车经济性是汽车在保证动力性的条件下，汽车以尽量少的燃油消耗量经济行驶的能力。燃油经济性好，可以降低汽车的使用费用，节省石油资源，降低发动机产生废气的排放量。

（1）汽车燃油经济性的评价指标。

汽车燃油经济性常用一定运行工况下，汽车行驶百公里的燃油消耗量或一定燃油量能使汽车行驶的里程来衡量。

在我国及欧洲，燃油经济性指标的单位为 L/100 km，即每行驶 100 km 所消耗的燃油升数。它的数值越大，汽车燃油经济性越差。

等速行驶百公里燃油消耗量是常用的一种评价指标，它是指汽车在一定载荷（我国标准规定轿车为半载、货车为满载）下，以最高挡在水平良好路面上等速行驶 100 km 的燃油消耗量。通常是测出每隔 10 km/h 或 20 km/h 速度间隔的等速百公里燃油消耗量，然后在图上连成曲线，作为等速百公里燃油消耗量曲线，并用它来评价汽车燃油经济性，如图 7-3 所示。

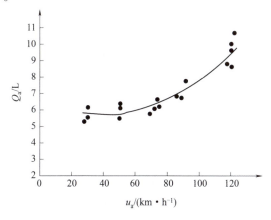

图 7-3　汽车等速百公里燃油消耗量曲线

但是，等速行驶工况并没有全面反映汽车的实际运行情况，特别是在市区行驶中频繁出现的加速、减速、怠速、停车等行驶工况。因此，在对实际行驶车辆进行跟踪测试统计的基础上，各国都制定了一些典型的循环行驶试验工况来模拟实际汽车运行状况，并以其百公里燃油消耗量来评定相应行驶工况的燃油经济性。循环工况百公里耗油量，也称为城市油耗。

循环工况规定了车速-时间行驶规范，例如何时换挡、何时制动，以及行车的速度和加速度等数值。由于它在路上试验比较困难，一般多规定在室内汽车底盘测功机上进行试验，而规定在路上进行试验的循环工况均很简单。

（2）影响汽车燃油经济性的因素。

汽车燃油经济性主要取决于汽车的行驶阻力和发动机的有效燃油消耗率。下面从汽车结构因素和使用因素两方面来说明对汽车燃油经济性的影响。

1）汽车结构因素。

①发动机方面。发动机方面影响燃油经济性的主要因素有发动机种类、压缩比、发动机功率利用率和发动机燃烧过程等。

a. 发动机种类。目前常用的发动机主要有汽油机和柴油机。由于柴油机的热效率高，其有效燃油消耗率比汽油机低30%～40%。

b. 压缩比。提高压缩比是提高汽油机燃油经济性的主要措施。但压缩比过高会引起爆燃和表面点火，特别是排气污染增加。因此，在允许的条件和范围内提高压缩比，可以改善燃油经济性。

c. 发动机功率利用率。发动机功率利用率对汽车燃油经济性影响很大。试验资料表明，一般发动机在中等转速较高负荷率下工作时，其燃油经济性较好。

d. 发动机燃烧过程。改进燃料供给系、燃烧室的形状和进、排气系统的结构，使燃料得到良好的汽化和雾化，并且与空气混合均匀，就能改善燃烧过程，从而提高燃油经济性。目前广泛采用的电喷发动机及稀薄燃烧技术一般能节油5%～20%。

②传动系方面。传动系的效率越高，则传动系的损失能量越少，因而燃油经济性越好。

当发动机的功率一定时，传动系的传动比越小，汽车的燃油经济性越好。因此，采用超速挡减小主传动比，均可减少燃油消耗。但主传动比不可太小，否则汽车在行驶中遇到的阻力稍大时，便会感到驱动转矩不足，因而经常要换用变速器的中间挡位，这样反而会增加燃油消耗，使汽车的燃油经济性变差。变速器的挡位越多，则越容易根据行驶条件选择较小的传动比，使发动机能以较低的转速在较经济的条件下工作，从而改善汽车的燃油经济性。但变速器的挡位过多，将会使结构大为复杂，也会增加驾驶员操作的负担。因此，变速器的挡位应综合各方面因素合理选择。

③空气阻力。空气阻力与汽车的迎风面积、空气阻力系数、行驶速度的平方成正比。车速越高，阻力越大，汽车的燃油经济性也越差。

④汽车质量。当汽车的总质量增加时，单位行程的燃油消耗量增加，但二者的增加量不成正比。因为随着载重量的增加，发动机的功率利用率将提高，因而会使发动机的有效燃油消耗率有所降低，汽车单位运输工作量的燃油消耗量减少，因此，减轻汽车的自身质量和增大汽车的载重量，都能改善汽车的燃油经济性。

2）使用因素。

对一定的车型而言，一般通过改善汽车的技术状况，提高驾驶员的技术水平，选择良好的运行条件等手段来达到提高汽车燃油经济性的目的。

①汽车的技术状况。为保持汽车的技术状况良好，必须正确执行汽车的维护制度，特别是对燃油消耗量影响最大的燃料供给系和点火系，要经常保持良好的工作状况。在汽车底盘方面，首先要保持正常的润滑，以减少传动系和行驶系中的摩擦阻力；其次要保证前轮定位的正确性和正常的轮胎气压，以减少燃油消耗。但特别要注意的是，燃料和润滑油的质量对汽车的燃油消耗量也有很大的影响。

②驾驶员的技术水平。良好的驾驶技术可以大大降低汽车的燃油消耗量，不同技术水平的驾驶员在相同使用条件下驾驶同一类型的汽车，其燃油消耗量可相差 20% ~ 40%。要降低燃油消耗量，除了合理起动、预热保温、平稳起步、缓慢加速、安全、合理地使用制动外，对挡位的选择也有一定的要求，例如使汽车以接近于各挡的经济车速行驶，在条件允许的情况下，尽量采用高速挡行驶等。

③运行条件。汽车在不好的路面上行驶，油耗量将明显增加；在高原山区工作的汽车，由于空气稀薄，充气量不足，发动机功率下降，油耗量也将增加。这就说明运行条件对汽车的油耗量的影响很大。随着运行条件的不同，克服行驶阻力所消耗的功率以及发动机的工况都将随之发生变化。

3. 汽车制动性

汽车制动性的好坏直接影响行车安全，也关系到汽车动力性的有效发挥。汽车行驶时能在短距离内停车且维持行驶方向稳定性和在下长坡时能维持一定车速的能力，称为汽车制动性。

重大交通事故往往与制动距离太长、紧急制动时发生侧滑等情况有关，故汽车制动性是汽车安全行驶的重要保障。只有在保证行车安全的前提下，汽车才能充分发挥其他使用性能。

（1）汽车制动性的评价指标。汽车制动性的优劣主要从汽车的制动效能、制动效能的恒定性和制动方向的稳定性三个方面来评价。

1）汽车的制动效能。汽车的制动效能是指汽车迅速降低车速直至停车的能力。一般用制动距离和制动减速度来评价。

①制动距离：指汽车速度为 v_0 时，从驾驶员脚踏制动踏板开始到汽车停止行驶所经过的距离。它与汽车的行驶安全有直接的关系。

②制动减速度：是检验汽车制动效能的最基本的指标之一，其大小直接影响制动距离的长短。制动减速度的大小反映了地面制动力的大小，因此它与制动器制动力（车轮滚动时）及地面附着力（车轮抱死拖滑时）有关。

2）制动效能的恒定性。汽车在高速制动、短时间重复制动或下长坡连续制动时，制动器的温度常在 300 ℃ 以上，有时高达 600~700 ℃，使摩擦片内的有机物发生分解，产生气体和液体，在摩擦表面形成有润滑作用的薄膜，此时制动器摩擦系数下降，摩擦力矩会显著减小，从而使制动效能显著下降，这种现象称为制动器的热衰退。制动效能的恒定性主要指的是行车制动系统抗热衰退的性能。

抗热衰退的性能与制动器摩擦副材料及制动器结构有关。热衰退是目前制动器不可避免的现象，不同的制动器，只是在热衰退程度上有所差别。盘式制动器由于有较好的散热效果，良好的制动稳定性，因而在高速轿车中广泛应用。

3）制动方向的稳定性。制动方向的稳定性是指汽车在制动过程中维持直线行驶的能力或按预定弯道行驶的能力。制动方向的稳定性是用制动时不应发生制动跑偏、制动侧滑以及失去转向能力的性能来衡量。

①制动跑偏：指制动时原期望汽车按直线方向减速停车，但有时汽车却自动向左或向右偏驶的现象。跑偏的现象多数由技术状况不佳而造成，经过维修、调整是可以消除的。

②制动侧滑：指汽车制动时某一轴的车轮或者两轴的车轮发生横向滑动的现象。侧滑与车辆设计、车速及路面状况有关。一般在较高的车速或较滑的路面上制动时，可能发生后轴侧滑。

制动跑偏和制动侧滑的区别在于：制动跑偏时，虽然行驶方向出现偏离，但车轮与地面没有产生相对滑移现象；严重的跑偏有时会引起后轴侧滑，易于发生侧滑的汽车也有加剧跑偏的趋势。

③失去转向能力：指制动时不能按预定弯道行驶和转向，而沿切线方向驶出，或直线行驶制动时转动方向盘不能改变方向仍按直线行驶的现象。制动时丧失转向能力主要是由于转向轮抱死而失去控制方向的作用。

制动侧滑与丧失转向能力有着非常密切的联系。理论分析与实践证明，制动过程中若只有前轮抱死或前轮先抱死拖滑，汽车基本能维持直线减速行驶或停车，不会产生严重的侧滑现象，但此时驾驶员转动方向盘无效，失去控制方向的能力，这对在弯道行驶的汽车是十分危险的。若后轮比前轮提前一定时间先抱死拖滑，汽车在轻微侧向干扰力作用下就会引起后轮侧滑，特别是高速制动，易产生剧烈的回转运动，即制动"甩尾"现象。路面越滑、制动距离和制动时间越长，后轴侧滑就越剧烈。

采用自动防抱死装置和制动力自动分配装置的控制系统可以有效地防止或减少上述三种情况的出现，从而使汽车在紧急制动时保持良好的方向稳定性。

（2）影响制动性的因素。

1）轴间负荷分配。汽车制动时，前轴负荷增加，后轴负荷减小。如果前、后轮制动器制动力根据轴间负荷的变化分配，符合理想分配的条件，则前、后轮同时抱死。如果前、后轮制动器制动力的比例为定值，则只有在具有同步附着系数的路面上，前、后轮才能同时抱死。

2）汽车载重量。汽车的制动距离会由于载重量的不同而发生差异。实践证明，对于载重量为 3 t 以上的汽车，载重量每增加 1 t，其制动距离平均约增加 1 m。另外，同一辆汽车，装载重量和方式不同而使质心位置变动，也会影响汽车的制动距离。

3）车轮制动器。车轮制动器的摩擦副、制动毂的构造和材料，对于制动器的摩擦力矩和制动效能的热衰退都有很大影响。在设计制造中应选用好的结构形式及材料。在使用维修中也应注意摩擦片的选用。

4）制动初速度。制动初速度高时，需要通过制动消耗的动能也大，故制动距离会延长。制动初速度越高，通过制动器转化产生的热量越多，制动器的温度也越高，从而导致制动力衰减，制动距离延长。

5）利用发动机制动。发动机的制动效果对汽车制动性的影响很大，它不仅能在较长时间内发挥制动作用，减轻车轮制动器的负担，而且差速的作用可防止侧滑甩尾的可能性；此外，利用发动机制动在行车中可显著减少车轮制动器的使用次数，改善驾驶条件，同时又能经常使车轮制动器处于低温而能发挥最大制动效果的状态，以备紧急制动时使用。

6）道路条件。当制动初速度相同时，随着路面附着系数的减小，制动距离随之增加。汽车在冰雪路面制动时，方向稳定性变坏，应加装防滑链，并利用发动机制动。

7）驾驶技术。制动时，迅速交替地踩下和放松制动踏板，即可提高其制动效果。紧急制动时，驾驶员如能急速踩下制动踏板，则制动系的协调时间将缩短，从而缩短制动距离。在滑溜路面上不可猛踩制动踏板，以免因制动力过大而超过附着系数，导致汽车侧滑。

8）制动力的调节和车轮防抱死。为了防止制动时后轮抱死而发生危险的侧滑，以及减少前轮失去转向能力的倾向和提高制动系效率，在现代汽车制动系中装有限压阀、比例阀、防抱死制动系统等压力调节装置。

4. 汽车通过性

汽车通过性又称越野性，是指汽车能以足够高的平均车速通过各种坏路及无路地带的能力，如通过松软地面（松软的土壤、沙漠、雪地、沼泽地）、坎坷不平地段和各种障碍（陡坡、侧坡、灌木丛、壕沟、台阶）等。

（1）汽车通过性的间隙失效与几何参数。

1）间隙失效。间隙失效是指汽车与地面间的间隙不足而被地面托住，使汽车无法通过的现象。间隙失效可分为以下几种情况。

①顶起失效：因车辆中间底部的零部件碰到地面而被顶起的现象。

②触头失效与托尾失效：因车辆前端触及地面而使汽车不能正常通过的现象称为触头失效；因车辆后端触及地面而使汽车不能正常通行的现象称为托尾失效。

2）几何参数。几何参数主要包括最小离地间隙、接近角和离去角、纵向通过半径和横向通过半径、最小转弯半径和内轮差等。这些几何参数因汽车的类别、结构、运行条件的差异而有所不同，表7-2所列举的是不同类型的汽车对部分几何参数的要求。

表7-2　不同类型的汽车对部分几何参数的要求

汽车类型	最小离地间隙/mm	接近角/(°)	离去角/(°)	纵向通过半径/m
4×2轿车	150～220	20～30	15～22	3.1～8.3
4×4轿车、吉普车	210～370	45～50	35～40	1.7～3.6
4×2货车	250～300	25～60	25～45	2.3～6
4×4、6×6货车	260～350	45～60	35～45	1.9～3.6
4×2客车	220～370	10～40	6～20	4～9

（2）汽车通过性的影响因素。影响汽车通过性的主要因素包括结构因素和使用因素两个方面。

1）结构因素。

①发动机：汽车通过坏路或无路地带时，要克服较大的道路阻力。提高汽车通过性，就必须提高单位汽车发动机转矩或提高比功率。

②传动系传动比：增大传动系传动比，达到增大驱动力的目的。一方面，将越野车设副变速器或分动器；另一方面，增大越野车传动系的总传动比来降低最低稳定的车速，减小车轮对松软路面的冲击，降低由此引起的土壤剪切破坏的概率，提高汽车通过坏路或无路地段的能力。

③液力传动：液力传动装有液力变矩器的汽车，起步时转矩增加平缓，避免了对路面的冲击。同时，不用换挡也能提高转矩，可以有效地提高汽车通过性。

④差速器：采用高摩擦差速器，可以使转得较慢的车轮得到较大的驱动力，从而使总驱动力增加，有利于提高汽车的通过性。若采用差速锁，两边车轮的驱动力可以按各自的附着力来分配，改善通过性的作用更明显。

⑤涉水能力：为了提高汽车的涉水能力，应注意发动机的火花塞、蓄电池、曲轴箱

通风口、机油尺等处的防水密封，并保证空气滤清器不进水。

⑥前后轮距：若前、后轴采用相同的轮距，且轮胎宽度相同，后轮可以沿前轮压实的轮辙行驶，从而使全车的行驶阻力减小，以提高通过性。

⑦驱动轮的数目：增加驱动轮的数目，可以提高相对附着质量，获得较大的驱动力，因此越野车均采用全轮驱动。

2）使用因素。

①轮胎气压：汽车在松软路面上行驶时，为了使轮胎与路面的接触面积增加，降低轮胎对路面的压力，使路面变形和轮胎受到的道路阻力减少，可采用降低轮胎气压的方法；而汽车在硬路面上行驶时，应适当地提高轮胎气压，这样可以减小轮胎变形，使行驶阻力减小。

②轮胎花纹：轮胎花纹对附着系数影响很大。越野车应选用具有宽而深花纹的轮胎，这是因为在松软路面上行驶时，轮胎花纹嵌入土壤，使附着力提高；而汽车在潮湿路面上行驶时，只有花纹的凸起部分与路面接触，提高了单位压力，有利于挤出水分，提高附着系数。

③拱形轮胎：不少专用越野车使用了超低压拱形轮胎。在相同轮辋直径的情况下，超低压拱形轮胎的断面宽度比普通轮胎要大 2～2.5 倍，轮胎气压很低（只有 29.4～83.3 kPa）。若用这种轮胎代替并列双胎，其接地面积可增加到 3 倍。拱形轮胎在沙漠、雪地、沼泽、田间行驶有良好的通过性，但在硬路面上行驶，会使行驶阻力增加，且易损坏轮胎。

④驾驶技术：驾驶技术对汽车通过性影响很大。为提高通过性，应注意以下几点。

a. 汽车通过松软地段时，应尽量使用低速挡，以便汽车具有较大的驱动力和较低的行驶速度，尽量避免换挡和加速，尽量保持直线行驶。

b. 驱动轮是双胎的汽车，如因双胎间夹泥而滑转，可适当提高车速，以甩掉夹泥。

c. 若传动系装有强制锁止式差速器，应在汽车进入车轮可能滑转地段之前挂上差速锁。如果已经出现滑转再挂差速锁，土壤表面已被破坏，附着系数下降，效果会显著下降。当汽车离开坏路地段，应及时脱开差速锁，以免影响转向。

d. 汽车通过滑溜路面，可以在驱动轮轮胎上套上防滑链条，以提高车轮的附着力。

5. 汽车舒适性

汽车舒适性，是指汽车在一般速度范围内行驶时，能保证车内乘员不会因车身振动而引起不舒服和疲劳的感觉，以及保持所运货物完整无损的性能。汽车舒适性从广义的范围来讲，还包括车辆的各项装备给车内乘员带来的便利性和愉悦性，与车辆配置有关。汽车舒适性从狭义的范围来讲，也称为汽车行驶平顺性。行驶平顺性既是决定汽车舒适性最主要的方面，也是汽车性能的主要指标。本部分主要介绍狭义的汽车舒适性，

也就是汽车平顺性。

汽车作为一个复杂的多质量振动系统，其车身通过悬架的弹性元件与车桥连接，而车桥又通过弹性轮胎与道路接触，其他如发动机、驾驶室等也是以橡胶垫固定于车架上。在激振力作用（如道路不平引起的冲击和加速、减速时的惯性力等）以及发动机与传动轴等振动时，系统将发生复杂的振动。这种振动对乘员的生理反应和所运货物的完整性，均会产生不利的影响。

车身振动频率较低，共振区通常在低频范围内。为了保证汽车具有良好的平顺性，应使引起车身共振的行驶速度尽可能地远离汽车行驶的常用速度。其次，振动产生的动载荷，会加速零件磨损，乃至引起损坏。此外，振动还会消耗能量，使燃油经济性变差。因此，减少汽车本身的振动，不仅关系到乘坐的舒适和所运货物的完整，而且关系到汽车的运输生产率、燃油经济性、使用寿命和工作可靠性等。

（1）汽车舒适性的影响因素。

1）振动及其传递途径。汽车振动系统框图可以用图 7-4 来分析。行驶中的汽车是一个复杂的"振动系统"，振动的发生源主要有凹凸不平的路面、不平衡轮胎的旋转、不平衡传动轴的旋转以及发动机的转矩变化等。这些因素引起的振动大多与车速相关，尤其是凹凸不平路面引起的振动，随着车速的变化，振动的频率和强弱会产生相应的变化。

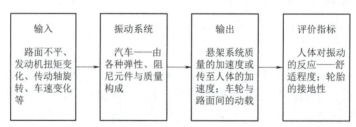

图 7-4　汽车振动系统框图

上述诸多"信号"不断地"输入"行驶中的汽车，而汽车又可以看作是由轮胎、悬架、坐垫等弹性、阻尼元件和悬架质量及非悬架质量构成的"振动系统"。各种"输入"信号沿不同的路径传至乘客身体，其主要传递路径如图 7-5 所示。

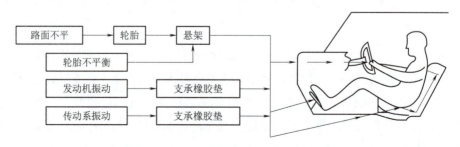

图 7-5　汽车行驶振动主要传递路径示意图

路面、轮胎产生的振动，先传到悬架，受悬架自身的振动特性影响后再传给车身，通过车身传到乘客的脚部，同时通过座椅传给乘客的臀部和背部，还通过转向系，以方向盘抖动的行驶传到驾驶员手部。

发动机、传动系产生的振动，通过支承发动机、变速器和传动轴的支承橡胶垫，经衰减后传给车身，在经上述途径传至人体各个部位。

当振动频率超过 40 Hz 以上，其便形成噪声传进人的耳朵。作为系统的"输出"，使人体或货物受到的振动，其中最重要的是振动频率和振动加速度。由物理学知识可知，任何一个振动系统均有一个固有频率。当外界激振信号的频率接近或等于固有频率时，将出现共振现象，产生剧烈的振动。研究汽车行驶平顺性，实际上要解决两方面的问题：一是如何避免汽车这个振动系统的共振现象，这既影响汽车的操纵稳定性，也影响行驶平顺性；二是使振动系统输出的振动频率避开人体敏感的范围，振动加速度不超过人体所能承受的强度。

2）人体对振动的反应。人体是一个复杂的机械振动系统，人体对振动的反应既与振动频率及强度、振动作用方向和暴露时间有关，也与人的心理、生理状态有关。

（2）汽车舒适性的评价。

《汽车平顺性试验方法》（GB/T 4970—2009）测试了汽车在脉冲输入行驶和随机输入行驶两种工况下的汽车平顺性。

脉冲输入行驶试验采用基本评价方法和辅助评价方法的评价指标。基本评价方法为：当振动波形峰值系数小于 9 时，用座椅坐垫上方、座椅靠背、乘员（或驾驶员）脚部地板和车厢地板最大（绝对值）加速度响应与车速的关系评价。辅助评价方法为：当振动波形峰值系数大于 9 时，用基本评价方法不能完全描述振动对人体的影响，还应采用振动剂量值来评价。

随机输入行驶试验用综合总加权加速度均方根值 $\bar{a}_v$ 作为振动对人体舒适性感觉评价指标，具体为：$\bar{a}_v<0.315$ m/s^2，没有不舒服；$\bar{a}_v=0.315\sim0.63$ m/s^2，有些不舒服；$\bar{a}_v=0.5\sim1$ m/s^2，比较不舒服；$\bar{a}_v=0.8\sim1.6$ m/s^2，不舒服；$\bar{a}_v=1.25\sim2.5$ m/s^2，很不舒服；$\bar{a}_v>2$ m/s^2，极不舒服。

（3）汽车振动的影响因素。

1）路面凹凸引起的振动。路面有水泥、沥青、砂砾，容易引起振动。

2）悬架系的振动。弹性元件与减振器的性能也会引起车辆振动。

3）轮胎。轮胎并不是纯圆滚动，故其成了振动源。径向差、质量上的不均匀叫不平衡。

4）驱动系的振动。其振动源包括发动机旋转转矩变化、传动轴万向节角速度变化（引起传动转矩变化）和传动轴不平衡运转。

①发动机支承橡胶件的弹簧刚度。

②传动轴的联轴角的大小和相位。

5）发动机振动。往复式发动机的工作过程是把直线运动变成旋转运动。各缸曲柄等元件的不均衡的惯性力作用，必然要产生振动。消除措施：加大飞轮质量，增加气缸数量和为抵消不平衡而添加曲轴平衡块。

6）座椅的布置。车身中部的位置振幅较小。座椅在高度方向上应尽量缩短与重心之间的距离。对较硬悬架的汽车，可采用较软的坐垫。

7）悬架质量。

①可通过发动机前移且行李箱后移的方式平均各悬架所承受的质量，提高车辆舒适性。

②可通过减少簧下质量提高车辆的舒适性。

6. 汽车操纵稳定性

汽车操纵稳定性是指在驾驶员不感到过分紧张、疲劳的条件下，汽车能按照驾驶员给定方向行驶的能力，以及对各种企图改变其行驶方向的外界干扰的抵抗的能力。汽车操纵稳定性不仅影响汽车能否稳定驾驶，而且是保证汽车高速安全行驶的一个主要性能。汽车操纵稳定性包括密切相关的两个部分，即操纵性和稳定性。汽车稳定性的好坏直接影响操纵性的好坏，二者互相影响，很难分开，都会直接影响汽车的行驶安全和汽车动力性的发挥。

汽车操纵性是指汽车对驾驶员转向指令的响应能力，直接影响行车安全。轮胎的气压和弹性、悬架装置的刚度以及汽车重心的位置都对该性能有重要影响。

汽车稳定性是指汽车在受到外界干扰后，恢复原来运动状态的能力，以及抵御发生倾覆和侧滑的能力。对于汽车来说，侧向稳定性尤为重要。当汽车在横向坡道上行驶、转弯以及受其他侧向力时，容易发生侧滑或者侧翻。汽车重心的高度越低，稳定性越好。合适的前轮定位角度使汽车具有自动回正和保持直线行驶的能力，提高了汽车直线行驶的稳定性。装载超高、超载，转弯时车速过快，横向坡道角过大以及偏载等，都容易造成汽车侧滑及侧翻。

（1）汽车稳态转向特性。汽车稳态转向特性是指由驾驶员操纵方向盘，转过某一角度并保持这个角度不变，经过一段时间汽车达到稳定的等速圆周行驶状态，且不随时间而改变。弹性车轮的侧向偏离，使汽车的实际转向特性与刚性车轮有明显差异。汽车转向行驶时，离心力等侧向力引起弹性车轮的侧向偏离，汽车的运动轨迹亦将偏离转向轮给定的方向。汽车转向特性有以下三种类型。

1）中性转向。方向盘保持某一固定转角，令汽车以不同的固定车速行驶，其转向半径不变，称为中性转向。汽车在直行中，遇到侧向力作用，车轮发生侧向偏离，会驶出路面。如欲使汽车沿路面纵向中心线行驶，应转动方向盘，向侧向偏离相反方向转动，再回正方向，这样才能使汽车正常直行。具有中性转向的汽车，当受侧向力作用时，没有阻止侧偏的作用，驾驶员操作频繁，而且有突发性变化时，很容易转变成过多转向。

2）不足转向。方向盘保持某一固定转角，令汽车以不同的固定车速行驶，随着汽车车速的提高，转向半径将不断增大，称为不足转向。具有不足转向特性的汽车直行时，遇到侧向力作用，会发生侧向偏离；经过受力分析知，有阻碍侧偏的作用。当侧向力消失后，汽车自动回正。因此，不足转向特性的汽车在受到干扰时，具有良好的保持直行能力，具有良好的操纵性。

3）过多转向。方向盘保持某一固定转角，令汽车以不同的固定车速行驶，随着汽车车速的提高，转向半径越来越小，称为过多转向。过多转向汽车在直行时，受到突发侧向力的干扰，由受力分析知，侧偏现象更为严重，这将导致转向半径进一步缩小，在某个临界车速时，这种恶性循环能不断进行下去，汽车会出现急转，发生侧滑，完全失去操纵。具有过多转向特性的汽车，若不及时纠正方向，容易侧翻或侧滑，尤其是当汽车车速超过某一车速后，稍有微小的前轮转角，也会导致汽车调头甩尾，而且转向半径越来越小，使驾驶员难以操纵。汽车应具有一定的不足转向特性，才能保持行车安全。为了使汽车具有一定的不足转向特性，在总布置设计中应注意重心位置。重心到前、后轴的距离，决定了转弯时离心力在前、后轴的分配，因而直接影响前后轮侧偏角。轮胎的气压对侧偏角影响很大，气压低，侧偏角大。

综上所述，影响汽车操纵稳定性的因素主要有重心的位置，汽车的轴距、轮距，道路状况，前轮定位的调整，轮胎的弹性和技术状况，以及装载情况和行驶速度等。

（2）汽车行驶时的翻倾和侧滑。

1）汽车的纵翻。当汽车等速上坡行驶时，当前轮的法向反作用力 $F_{Z1} = 0$ 时，汽车便开始绕后轮与地面接触中心点向后翻倾，通常称为纵翻。

正常装载的汽车，不至于发生纵翻。但是，如果装载不合型，使汽车的重心过高，又过分靠后，则有可能发生纵翻。

2）汽车在弯道行驶时的侧翻和侧滑。为了提高汽车行驶的安全性，在公路的弯道处常筑有一定的横向坡度。

①汽车在离心力作用下的侧翻。汽车在具有横坡的弯道上，做等速转向运动时，当内侧的法向反作用力 $F_{Z1} = 0$ 时，汽车开始绕中心点向外侧翻倾，通常称为侧翻。公路弯道处筑有适当的横坡，可提高不发生侧翻的极限车速，有利于行车安全。

②汽车在离心力作用下的侧滑。弯道处适当的横坡，可提高允许车速，减少侧滑的发生。同时应看到，当路面湿滑时，φ_1 减小，允许车速降低，驾驶者应充分注意，以

免发生侧滑的危险。

通常认为在多数情况下，侧翻造成的危害比侧滑更大。安全起见，尽可能使侧滑发生在侧翻之前。

3）汽车在横坡直线行驶或静止时的侧翻。

汽车在横向坡道直线行驶或静止时，当横向坡度角超过某一值时，汽车将发生侧翻。降低重心高度，适当增大轮距，均有助于提高汽车的抗侧翻能力。

7. 新能源汽车性能

新能源汽车有油电混动、纯电动以及替代燃料等几种类型，评价新能源汽车时，既需要参考传统汽车的参数进行科学评定，又需要结合车辆结构类型，采用不同的评价参数。新能源汽车的评价参数主要有续驶里程、驱动功率、充电时间以及使用便捷性等。

（1）续驶里程。续驶里程是新能源汽车首要的参数，续驶里程关系着车主的使用经济利益，也关系着整车的技术性能。

纯电动汽车续驶里程是指车辆从充满电到实验结束时所行驶的距离，以 km 为单位。混合动力汽车的续驶里程由纯电动续驶里程和燃油续驶里程两个部分组成。纯电动续驶里程也同样是衡量一辆混合动力新能源汽车的重要指标参数。早期有些学者曾以纯电动续驶里程对混合动力汽车进行分类，纯电动续驶里程越大的混合动力汽车被认为是性能更加优越的。此外，我国目前对新能源汽车混合动力的补贴也是以纯电动续驶里程为基准的。

续驶里程受多种因素影响，其包括外部因素和内部因素。外部因素指的是外部的运行环境对车辆的影响。例如，行驶的路况，路况差对续驶里程有负面影响；道路的坡度，坡度越大，耗电量也越大，续驶里程则越小；风力的风向和大小，迎风状态下续驶里程减小；车辆行驶时的气温以及道路温度也会影响汽车动力电池的放电状态，如图 7-6 所示，从而影响续驶里程。此外，道路的种类、交通拥挤状态以及驾驶员的驾车习惯都会影响续驶里程。

内部因素主要是指车辆自身的设计部件参数，其中最主要的是车辆设计动力电池容量与技术性能，此外还包括车辆本身的质量以及对能量的利用率等。动力电池性能参数评价主要是电池容量、电池类型以及电池电压等。

1）电池容量。电池容量一般指的是电池的额定容量，又称公称容量，是指动力电池在设计的放电条件下，电池保证给出的最低电量。这个参数表征了动力电池存储能量的能力，单位是 kW·h。

2）电池类型。动力电池作为新能源汽车特别是纯电动汽车的能源提供装置，也是最为核心的部件。目前，动力电池的能量密度、循环寿命、技术成熟度以及成本等关键性指标成为制约电动汽车大规模产业化的因素，动力电池在整个新能源汽车特别是纯电

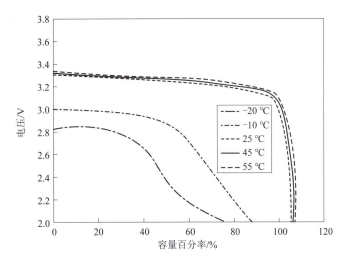

图7-6 蓄电池不同温度下的放电曲线

动汽车中的成本约占30%以上。目前市场上主流的动力电池主要有铅酸电池、镍氢电池、锂离子电池，三种类型电池的优缺点如表7-3所示。

表7-3 三种类型电池的优缺点

电池类型	优点	缺点
铅酸电池	可以大电流进行放电。使用温度范围很宽、可逆性好、原材料来源丰富、制造工艺简便、价格便宜	单位体积存储的电量较少，材料存在污染性且有毒
镍氢电池	单位体积存储的电量多、可快速充放电。低温性能良好、可密封，耐过充过放电能力强、安全可靠、对环境无污染、无记忆效应	价格高
锂离子电池	开路电压高（单体电池电压高达3.6~3.8 V），同体积存储的电量比镍氢电池还要大。循环寿命长，无公害、无记忆效应、自放电小	过充过放电的保护问题不易解决、成本高，不能大电流放电

3）电池电压。电池电压是指新能源汽车中整个动力电池组的电压，用于衡量新能源汽车采用的导线质量以及电池自身容量的大小。新能源汽车动力电池是由很多的单个电池单元进行并、串联组成的，用于提高整个电池的容量和输出电压。电动汽车需要提高输出电压来降低从动力电池到驱动电机之间电能的损耗，并减小传递电能导线的尺寸。

（2）驱动功率。驱动功率是衡量新能源汽车动力性的重要指标，直接影响新能源汽车的加速性能和最高车速。纯电动汽车的驱动功率唯一来源就是驱动电机；混合动力汽车的驱动功率在纯电动行驶模式下由驱动电机提供，在混合动力驱动模式下由发动机与驱动电机组合提供。

目前应用在新能源电动汽车中的驱动电机主要有直流电动机、异步电动机、永磁同步电动机和开关磁阻电动机等形式，其中永磁同步电动机是目前市场上电动汽车的首选驱动电机。

驱动电机的参数关系到汽车的动力性能，其输出功率的大小类似于传统汽车内燃机的输出功率。输出功率越大，车辆行驶的最高车速越高；输出转矩越大，加速性能越好。

1）最大功率。最大功率是指车用电机可以实现的最大功率输出，单位是 kW。在纯电动汽车上，最大功率往往反映的是最高车速，用来描述汽车的动力性能，体现电机在瞬间超负荷运转的能力。纯电动汽车或混合动力汽车可能会搭载 2 台及以上的电机。因为单电机随着功率的提升，体积也会增加，影响车辆空间布置。齿轮机构将 2 台及以上电机进行组合，实现动力的整体配合输出。有的车型会将 2 个电机分别用于汽车的前、后驱动轴上，即可能会出现一台电机输出的动力仅传递到前轮上，另一台电机输出的动力仅传递到后轮上的情况。

2）最大转矩。最大转矩是电机最重要的参数，单位为 N·m。功率与转速的关系同内燃机，电机功率、转矩与转速关系如图 7-7 所示。

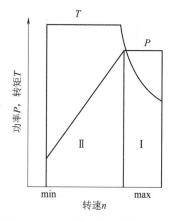

图 7-7　电机功率、转矩与转速关系

（3）充电时间。充电时间是新能源汽车的重要参数，是指采用指定的方式，一辆电池电量处于最低状态的新能源汽车充满电所需要的时间。充电时间的长短也会影响消费者对新能源汽车车型的选择意向。

充电时间的影响因素有本身车辆的电池容量、充电方式、充电时的环境因素等。电池容量越大，其对应的充电时间也就越长。

（4）百公里耗电量。百公里耗电量也是评价新能源汽车的一个重要指标。与百公里油耗相似，百公里耗电量直接影响车辆的行驶里程，进而影响车辆的使用费用。《节能与新能源汽车技术路线 2.0》提出，到 2035 年，乘用车（含新能源）新车平均油耗降至 2.0 L/100 km，纯电动汽车综合工况耗电量小于 10 kW·h/100 km，插电式混合动力汽车在电量维持模式条件下油耗不超过 3.8 L/100 km。

任务评价

本任务评价如表 7-4 所示。

表 7-4　销售顾问车辆性能推介表现评分表

序号	评价项目	评价指标	分值	自评	互评	师评	合计
1	汽车性能基础知识	能够介绍各项性能的评价指标	20				
		能够介绍影响各项性能的因素	20				
2	汽车性能推介	能够通过查阅资料获取车型的各项性能参考因素	20				
		能够评判本品牌各项性能情况	20				
3	素养目标	能够通过数据理性为客户分析本品各性能特点	10				
		能够站在客户角度总结客户易懂话术，向客户推介本品车辆性能	10				
	合计		100				
	综合得分						

任务拓展

请根据表 7-5 提供的数据，对比两款车的各项性能，回答以下问题。

表 7-5　车辆配置对比表

序号	内容	车型 A	车型 B
1	加速时间（0~100 km/h）/s	7.5	7.1
2	刹车距离（100~0 km/h）/m	38.76	38.25
3	实测油耗/[L·(100 km)$^{-1}$]	9.9	9.29
4	最大功率/kW	165	208
5	最大转矩/（N·m）	350	400
6	最高车速/（km·h^{-1}）	240	245
7	长度/mm	5 050	5 137
8	宽度/mm	1 886	1 904
9	轴距/mm	1 475	1 493
10	整备质量/kg	1 880	1 995
11	最小离地间隙/mm	117	122
12	发动机排量/L	2.0	3.0

序号	内容	车型 A	车型 B
13	进气形式	涡轮增压	机械增压
14	气缸排列形式	L4	V6
15	驱动形式	前置四驱	前置后驱
16	前悬架	五连杆独立悬架	双叉臂式独立悬架
17	后悬架	五连杆独立悬架	梯形控制臂多连杆

（1）车型 A 和车型 B 哪款车的动力性更好？你的依据是什么？

（2）车型 A 和车型 B 哪款车的经济性更好？你的依据是什么？

（3）车型 A 和车型 B 哪款车的通过性更好？你的依据是什么？

（4）车型 A 和车型 B 哪款车的制动性更好？你的依据是什么？

（5）车型 A 和车型 B 哪款车的平顺性更好？你的依据是什么？

模块八

六方位绕车

模块简介

六方位绕车推介法是汽车从业人员向客户推介车辆的常用方法，它通过销售人员的梳理和串联，围绕汽车的车前方、驾驶室、乘客舱、车后方、车内部、发动机舱六个方位，系统全面地向客户全方位展示车辆情况。作为一名优秀的汽车营销人员，必须熟练掌握六方位绕车推介法，这样可以将产品的优势与用户的需求相结合，在产品层面上建立客户购买的信心。

任务　六方位绕车推介

学习目标

知识目标

掌握车辆六方位绕车推介内容。

能力目标

能够用六方位绕车的方式展示产品。

素养目标

（1）养成客户至上意识和服务意识。

（2）增强系统思维。

六方位绕车
推介

任务导入

张女士及家人最近在考虑购置一辆新车，在选购过程中不了解各项装置的功用和优势，想通过销售顾问的六方位绕车推介法，选到适合自己的爱车。

任务实施

一、工作单

品牌名称＿＿＿＿＿＿＿＿＿＿＿＿＿＿＿＿＿＿＿＿＿＿＿＿＿＿＿＿＿＿＿＿

（1）请列举车辆六方位绕车推介法的六个方位。

（2）请进行车辆正前方位推介演练。

（3）请进行车辆侧方位推介演练。

（4）请进行车辆正后方位推介演练。

（5）请进行车辆驾驶舱后排方位推介演练。

（6）请进行驾驶舱前排方位推介演练。

（7）请进行发动机舱方位推介演练。

二、参考信息

六方位绕车产品推介列表如表8-1所示。

表8-1　六方位绕车产品推介列表

方位名称	序号	装备名称
正前方	1	品牌文化
	2	设计理念
	3	前进气格栅
	4	发动机舱盖
	5	前大灯
	6	日间行车灯
	7	雾灯
	8	灯光辅助系统
	9	离家/回家照明辅助
	10	灯光包
	11	大灯清洗装置
	12	雨刷
	13	照明距离条件系统
	14	挡风玻璃
	15	雨刮
	16	阳光/雨量传感器
侧方	1	轻量化车身
	2	车身框架结构
	3	焊接技术
	4	翻车保护装置
	5	车顶行李架
	6	顶线
	7	腰线
	8	裙线
	9	普通漆
	10	珠光漆

续表

方位名称	序号	装备名称
侧方	11	金属漆
	12	个性化漆
	13	无框车门
	14	电动车窗
	15	后视镜
	16	天窗
	17	敞篷
	18	隔热玻璃
	19	私密玻璃
	20	麦弗逊式悬架
	21	多连杆式悬架
	22	双横臂式悬架
	23	减振控制系统
	24	自适应空气悬架
	25	电磁减振系统
	26	驾驶模式选项
	27	轮毂
	28	全天候轮胎
	29	全路况轮胎
	30	冬季轮胎
	31	低压续航轮胎
	32	防爆胎
	33	胎压监测系统
	34	中央差速器
	35	全时四驱
	36	分时四驱
	37	智能钥匙
	38	遥控中央门锁
	39	车门自动吸合装置

方位名称	序号	装备名称
正后方	1	门
	2	尾灯
	3	电动后备厢
	4	气流缓冲器
	5	扰流器
	6	蓄电池切断装置
	7	小尺寸备胎
	8	全尺寸备胎
	9	随车工具
	10	后风挡加热系统
驾驶舱后排	1	头部空间
	2	腿部空间
	3	后排娱乐系统
	4	座椅面料
	5	座椅折叠
	6	车载冰箱
	7	折叠桌
	8	车载电源
驾驶舱前排	1	仪表板
	2	方向盘
	3	内饰条
	4	挡杆
	5	肘部空间
	6	储物空间
	7	车内氛围灯
	8	车内阅读灯
	9	座椅调节
	10	座椅加热
	11	座椅通风
	12	座椅按摩

续表

方位名称	序号	装备名称
驾驶舱前排	13	多功能方向盘
	14	换挡拨片
	15	方向盘加热
	16	随速助力
	17	动态转向
	18	双离合变速器
	19	手自一体变速器
	20	无级变速器
	21	安全转向柱
	22	安全带
	23	安全气囊
	24	安全头枕
	25	定速巡航
	26	主动巡航
	27	预防式整体安全系统
	28	夜视系统
	29	后方通过辅助系统
	30	路口通过辅助系统
	31	侧向辅助系统
	32	道路保持系统
	33	电子稳定系统
	34	驱动防滑系统
	35	电子差速锁
	36	保持辅助系统
	37	电子驻车系统
	38	陡坡缓降系统
	39	坡路辅助系统
	40	倒车辅助系统
	41	自动泊车系统
	42	开车门辅助系统

方位名称	序号	装备名称
驾驶舱前排	43	音响系统
	44	收音机
	45	多媒体交互系统
	46	驾驶员信息系统
	47	平视显示系统
	48	语音导航系统
	49	语音控制系统
	50	后排娱乐系统
	51	电视接收系统
	52	音乐接口
	53	DVD 播放器
	54	自动空调
	55	分区空调
	56	负离子空气净化器
	57	香氛系统
	58	驻车加热/通风系统
	59	车载蓝牙电话
	60	无线充电功能
发动机舱	1	机械增压系统
	2	涡轮增压系统
	3	缸内直喷技术
	4	可变气门升程系统
	5	可变气门正时技术
	6	可变长度进气歧管系统
	7	主动式发动机悬置技术
	8	智能热量管理系统
	9	制动能量回收系统
	10	智能起停系统
	11	闭缸技术
	12	主动噪声控制技术
	13	混合动力技术

任务评价

本任务评价如表8-2所示。

表8-2 销售顾问六方位绕车表现评分表

序号	评价项目	评价指标	分值	自评	互评	师评	合计
1	六方位绕车推介	能够总结各方位的推介话术	20				
		能够准确说出各方位的产品特征	20				
		能够准确说出本品的产品优势	20				
2	客户至上意识	能够根据客户的需求推介合适的产品	10				
3	服务意识	能够在车辆推介过程中体现良好的服务意识	10				
4	系统思维	能够将车辆看成一个整体，全方位考虑客户需求	20				
合计			100				
综合得分							

参 考 文 献

韩东. 汽车结构性能与使用 [M]. 北京：北京理工大学出版社，2013.

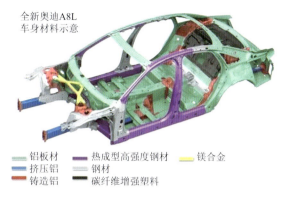

全新奥迪A8L
车身材料示意

铝板材　　热成型高强度钢材　　镁合金
挤压铝　　钢材
铸造铝　　碳纤维增强塑料

图 1-4　轻量化车身

图 2-33　车内氛围灯

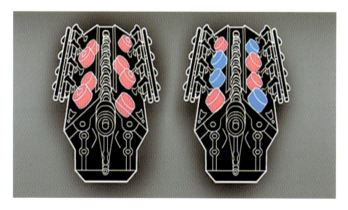

图 3-17　闭缸技术

图 3-24 行星齿轮

图 6-26 灯光效果